大学生创新创业

理论与实践

杨文启　孙永庆　编著

北京大学出版社
PEKING UNIVERSITY PRESS

内容简介

本书以“素质要求、理论知识梳理、任务内容、创业案例选编、创业明星、实训练习”为内容框架，对管理学、经济学及人文方面的知识进行了高度提炼，满足了非管理类学生创新创业的知识要求。本书内容不仅理论知识丰富、实践操作性强、便于组织教学，还突出了创新创业教育“理论指导实践、实践丰富理论”的特点。本书共设计十项教学项目，具体内容包括：拓展创新思维、评估创业能力、基于专业层面创业分析、遴选创业项目、模拟注册创业公司、创建创业团队、企业市场环境分析、制定企业市场营销战略、企业财务分析、编制创业计划书。

本书适合作为高职高专和本科院校在校大学生创新创业教育的培训用书，也可以作为创新创业爱好者的参考资料。

图书在版编目(CIP)数据

大学生创新创业理论与实践/杨文启，孙永庆编著．—北京：北京大学出版社，2024．1

ISBN 978-7-301-35119-2

Ⅰ．①大…　Ⅱ．①杨…　②孙…　Ⅲ．①大学生—职业选择—教材　Ⅳ．①G647.38

中国国家版本馆CIP数据核字（2024）第108758号

书　　名	大学生创新创业理论与实践 DAXUESHENG CHUANGXIN CHUANGYE LILUN YU SHIJIAN
著作责任者	杨文启　孙永庆　编著
策划编辑	王显超
责任编辑	王显超　翟　源
标准书号	ISBN 978-7-301-35119-2
出版发行	北京大学出版社
地　　址	北京市海淀区成府路205号　100871
网　　址	http://www.pup.cn　新浪微博：@北京大学出版社
电子邮箱	编辑部 pup6@pup.cn　总编室 zpup@pup.cn
电　　话	邮购部 010-62752015　发行部 010-62750672　编辑部 010-62750667
印 刷 者	河北滦县鑫华书刊印刷厂
经 销 者	新华书店
	787毫米×1092毫米　16开本　11.75印张　270千字 2024年1月第1版　2024年1月第1次印刷
定　　价	39.00元

未经许可，不得以任何方式复制或抄袭本书之部分或全部内容。

版权所有，侵权必究

举报电话：010-62752024　电子邮箱：fd@pup.cn

图书如有印装质量问题，请与出版部联系，电话：010-62756370

前　言

党的二十大报告中强调，必须坚持科技是第一生产力、人才是第一资源、创新是第一动力，深入实施科教兴国战略、人才强国战略、创新驱动发展战略，开辟发展新领域新赛道，不断塑造发展新动能新优势。

本书基于高职高专大学生创新创业教育的特点，在内容选取、任务设计、案例遴选等方面进行了系统规划。本书具备以下几个特点：一是采取了项目化教材编写体例，形式新颖，项目之间逻辑性强；二是在每个教学项目中又设计了不同数量的教学子项目，在每个子项目中又设计了不同的教学任务，便于教师组织教学活动；三是项目分为素质要求、理论知识梳理、任务内容、创业案例选编、创业明星、实训练习六部分内容，理论知识梳理分为专业名词释疑及理论体系梳理两部分，专业名词释疑为学生自学内容，理论体系梳理为教师讲授内容，教学任务内容为教学实践项目，这种项目的体例设计既包含了丰富的理论内容，又能在规定的时间内完成教学任务；四是建议教学课时数为40课时，每4课时为一个教学单位，每一个教学单位完成一个教学项目。

本书由济宁职业技术学院孙志春教授主审，杨文启负责整体规划设计，孙永庆与德州职业技术学院的王刚负责协调具体工作，马聪与德州职业技术学院的牛洁负责排版校对。具体编写分工为：孙永庆、牛洁负责项目一；苗现华负责项目二；许朋举、王刚负责项目三；张叶锋负责项目四；苏晓华负责项目五；李霞负责项目六；杨文启负责项目七；张继圣负责项目八；孟丽负责项目九；张秋霞负责项目十。本书在编写过程中参考了大量文献资料，在此，对这些文献资料的作者或知识产权人表示衷心的感谢。

由于作者水平所限，编写过程中难免有疏漏之处，敬请各位专家、学者及广大师生批评指正，以便再版时进行改进。

编者

2023.10

目　录

项目一　拓展创新思维 ………… **1**
1.1　素质要求 ………… 2
1.2　理论知识梳理 ………… 2
1.3　任务内容 ………… 13
1.4　创业案例选编 ………… 16
1.5　创业明星 ………… 17
1.6　实训练习 ………… 17

项目二　评估创业能力 ………… **19**
2.1　素质要求 ………… 20
2.2　理论知识梳理 ………… 20
2.3　任务内容 ………… 28
2.4　创业案例选编 ………… 33
2.5　创业明星 ………… 34
2.6　实训练习 ………… 35

项目三　基于专业层面创业分析 ………… **37**
3.1　素质要求 ………… 38
3.2　理论知识梳理 ………… 38
3.3　任务内容 ………… 43
3.4　创业案例选编 ………… 45
3.5　创业明星 ………… 46
3.6　实训练习 ………… 47

项目四　遴选创业项目 ………… **49**
4.1　素质要求 ………… 50
4.2　理论知识梳理 ………… 50

4.3 任务内容 …… 59
4.4 创业案例选编 …… 61
4.5 创业明星 …… 62
4.6 实训练习 …… 63

项目五 模拟注册创业公司 …… 65
5.1 素质要求 …… 66
5.2 理论知识梳理 …… 66
5.3 任务内容 …… 75
5.4 创业案例选编 …… 78
5.5 创业明星 …… 79
5.6 实训练习 …… 80

项目六 创建创业团队 …… 81
6.1 素质要求 …… 82
6.2 理论知识梳理 …… 82
6.3 任务内容 …… 94
6.4 创业案例选编 …… 97
6.5 创业明星 …… 98
6.6 实训练习 …… 99

项目七 企业市场环境分析 …… 101
7.1 素质要求 …… 102
7.2 理论知识梳理 …… 102
7.3 任务内容 …… 109
7.4 创业案例选编 …… 112
7.5 创业明星 …… 113
7.6 实训练习 …… 113

项目八 制定企业市场营销战略 …… 115
8.1 素质要求 …… 116

8.2 理论知识梳理 …… 116
8.3 任务内容 …… 128
8.4 创业案例选编 …… 131
8.5 创业明星 …… 132
8.6 实训练习 …… 133

项目九 企业财务分析 …… 135
9.1 素质要求 …… 136
9.2 理论知识梳理 …… 136
9.3 任务内容 …… 146
9.4 创业案例选编 …… 149
9.5 创业明星 …… 150
9.6 实训练习 …… 151

项目十 编制创业计划书 …… 153
10.1 素质要求 …… 154
10.2 理论知识梳理 …… 154
10.3 任务内容 …… 166
10.4 创业案例选编 …… 167
10.5 创业明星 …… 168
10.6 实训练习 …… 168

参考答案 …… 169
项目一 拓展创新思维 …… 170
项目二 评估创业能力 …… 170
项目三 基于高职专业层面创业分析 …… 171
项目四 遴选创业项目 …… 172
项目五 模拟注册创业公司 …… 173
项目六 创建创业团队 …… 173
项目七 企业市场环境分析 …… 174

项目八　制定企业市场营销战略……175
项目九　企业财务分析……175
项目十　编制创业计划书……176

参考文献……177

项目一 拓展创新思维

1.1 素质要求

【知识目标】

（1）理解创新的内涵、特点和原则。

（2）了解创新过程、创业与创新的关系。

（3）理解创新思维、创新方法。

【能力目标】

（1）掌握创新思维的应用。

（2）掌握创新方法的应用。

【素养目标】

培养学生勇于创新的精神；提高学生的总结与分析的能力；培养学生的团队协作与沟通的能力。

1.2 理论知识梳理

1.2.1 专业名词

（1）**创新**是指以现有的思维模式提出有别于常规或常人思路的见解为导向，利用现有的知识和物质，在特定的环境中，本着理想化需要或为满足社会需求，而改进或创造新的事物，包括但不限于各种产品、方法、元素、路径、环境，并能获得一定有益效果的行为。

（2）**创新思维**是指以新颖独创的方法解决问题的思维过程，通过这种思维能突破常规思维的界限，以超常规甚至反常规的方法、视角去思考问题，提出与众不同的解决方案，从而产生新颖的、独到的、有社会意义的思维成果。其本质在于用新的角度、新的思考方法来解决现有的问题。

（3）**脑力激荡法**也称头脑风暴法，是最为人熟知的创意思维策略。该法强调集体思考，互相激发灵感，鼓励参加者在指定时间内畅所欲言。脑力激荡法主要以团体方式进行，也可用于个人思考。该法的基本原则是：禁止批评和评论，也不要自谦；目标集中，追求设想数量，越多越好；鼓励巧妙地利用和改善他人的设想；与会人员一律平等，各种设想全部记录下来；主张独立思考，不允许私下交谈，以免干扰别人思维；提倡自由发言，畅所欲言，任意思考；不强调个人的成绩，应以小组的整体利益为重，注意和理解别人的贡献，不以多数人的意见阻碍个人新的观点的产生，激发个人追求更多更好的主意。

（4）**检核表法**是指在考虑某一个问题时，先制成一览表对每项检核内容逐一进行检查，以避免遗漏要点。

（5）**六六讨论法**是指以脑力激荡法为基础的团体式讨论法。该方法是将大团体分为六人一组，只进行六分钟的小组讨论，每人轮流发言一分钟，然后再回到大团体中分享及作最终的评估。

（6）**思维导图**，又名心智导图，是表达发散性思维的有效图形思维工具，它简单、高效，是一种实用性的思维工具。思维导图运用图文并重的技巧，把各级主题的关系用相互隶属与相关的层级图表现出来，把主题关键词与图像、颜色等建立记忆链接。思维导图充分运用左右脑的机能，利用记忆、阅读、思维的规律，协助人们在科学与艺术、逻辑与想象之间平衡发展，从而开启人类大脑的无限潜能。思维导图因此具有人类思维的强大功能。

（7）**三三两两讨论法**可归纳为每两人或三人组成小组，在三分钟内，就讨论的主题，互相交流意见及分享。三分钟后，再回到大团体中作汇报。

（8）**逆向思考法**是指可获得创造性构想的思考方法，此方法可分为反转型逆向思维法、转换型逆向思维法和缺点型逆向思维法。

（9）**分合法**主要是将原本不相同且无关联的元素加以整合，产生新的观点。分合法利用模拟与隐喻所产生的效果，协助思考者分析问题以产生各种不同的观点。

（10）**曼陀罗思考法**，又称九宫格思考法，是一种结构化的思维方式。通过将问题或主题置于九宫格的中心并展开多角度思考，帮助我们清晰看到问题的各个方面及相互关系，从而做出明智决策。这种方法不仅适用于个人思考，也适用于团队讨论和决策制定。通过曼陀罗思考法，我们可以更清晰地看到问题的各个方面，以及它们之间的相互关系，从而做出更明智的决策。

（11）**希望点列举法**是一种不断地提出“希望如何”“怎样才能更好”等问题的理想和愿望，进而探求解决问题和改善对策的方法。

（12）**优点列举法**是一种不断列出一项事物优点的方法，进而探求解决问题和改善对策。

（13）**缺点列举法**是一种不断针对一项事物，检讨此事物的各种缺点及缺漏，进而探求解决问题和改善对策。

（14）**七何检讨法（5w2h 检讨法）**是“六何检讨法”的延伸，此方法的优点是提示讨论者从不同的层面去思考和解决问题。所谓 5w，是指：为何（why）、何事（what）、何人（who）、何时（when）、何地（where）。2h，是指：如何（how）、何价（how much）。

（15）**目录法**也称“强制关联法”，意指在考虑解决某一个问题时，一边翻阅资料性的目录，一边强迫性地把在眼前出现的信息和正在思考的主题联系起来，从中得到联想。

（16）**属性列举法**是一种著名的创新思维策略。该方法强调使用者在创造的过程中观察和分析事物或问题的特性或属性，然后针对每项特性提出改善对策。

（17）**创业**是人类社会生活中一项最能体现人的主体性的社会实践活动。广义的创业是指社会生活各个领域里的人们为开创新的事业所从事的社会实践活动，其突出强调的是主体在能动性的社会实践中所体现的一种特定的精神、能力和行为方式；狭义的创业是一个经济学的范畴，是指主体以创造价值和就业机会为目的，通过组建一定的企业组织形式，为社会提供产品或服务的经济活动。

1.2.2 理论体系

1. 创新类型及创新思维的基本过程

创新是人类特有的认知能力和实践能力，是人类主观能动性的高级表现，是推动民族进步和社会发展的动力。那如何才能创新呢？首先要了解创新的类型和创新思维的基本过程。

1）创新的类型

我们可以把创新归纳成四种类型，即变革创新、市场创新、产品创新、运营创新。

（1）变革创新。变革创新一般是划时代的，会对社会各领域产生巨大影响，如蒸汽机的发明等。

（2）市场创新。市场创新是指企业从微观的角度促进市场构成的变动和市场机制的创造以及伴随新产品的开发对新市场的开拓、占领，从而满足新需求的行为。

（3）产品创新。产品创新是指创造某种新产品或对某一新或老产品的功能进行创新。产品创新的风险比变革创新、市场创新的风险都要小一些，产品创新是针对企业的产品技术研发活动而言的。

（4）运营创新。运营创新是针对企业内部的流程、规范、规章制度等进行变革。运营创新的风险相对是最低的，如工艺创新、管理创新等。

2）创新思维的基本过程

创新思维的基本过程包括以下4个阶段。

（1）准备期，即问题的提出。创新思维需要经历一个发现问题或需求的过程。在这个过程中，我们需要敏锐地发现和感知到问题的存在，并深入了解和澄清问题的本质和背景。将复杂的现实问题转化为可操作的思维模型是一个系统性的认知过程。这一过程的核心在于：首先，通过敏锐的观察力和环境感知能力，识别当前科技、社会、经济或环境领域存在的关键问题；其次，综合运用数据采集、市场分析、文献研究等方法论工具，结合逻辑推理、系统化思考和批判性评估等多元思维方式，对问题进行结构化解析；最终基于所得认知和洞察，借助创新思维方法（如横向思考、逆向推理、创意激荡等）将理论构想转化为其实可行的解决方案。这一转化过程的本质在于实现从问题识别到方案落地的完整价值闭环。

（2）酝酿期，即问题的求解。在明确问题本质后，需要精准识别问题的核心要素与关键节点，为制定解决方案奠定基础。这一阶段需要突破思维定式，以创新视角重构问题框架，培养创造性解决问题的能力。这种系统化的创新思考过程，能够有效拓展解决方案的可能性空间，为后续方案优化提供丰富的创意来源。

（3）豁朗期，即问题的突破。解决问题的方案是在这个阶段形成的，这是创新性思维过程的关键阶段，在这个阶段上突破陈旧的观念，摆脱思维定势的束缚，创新性地提出新观念、新思想、新方法，是决定性的环节。新方案的产生时间往往很短，甚至只是一瞬间。人们常说的“豁然开朗”正是这种状态的描述。

（4）验证期，即成果的检验。解决问题的方案是否成功、是否有价值，只有经过检验、评价才能确定。在这个阶段上主要是对创新思维产生的新成果中的方法和策略进行检验，对其不足之处进行完善，使其更加合理。验证期需耐心、周密、慎重，不能急功近利、急于求成。

2. 创新的原则

创新的原则就是开创新活动所依据的法则和判断创新构思的标准，不论是科学技术，还是社会生活，创新都遵循着共同的原则，其中有3个最为关键，它们分别为简单化原则、人性化原则和审美原则。

（1）简单化原则。这一原则在创新思维中有两种主要的表现。第一，针对同一问题往往存在着多种解决方法，那么如何判断多种方法之间的优劣？那就是越简单的方法越好。第二，面对不同的现象，找到它们之间的本质联系，发现它们背后所蕴藏的一致性规律，从而使纷繁复杂的世界变得简单有序。

（2）人性化原则。简单地说，就是以人为本，让人觉得亲切、满意、舒适、易用。这个原则还有一层重要的含义，就是使人们可以用尽量少的知识储备和尽量少的训练办成一件事。

（3）审美原则。有规律的东西往往给人以美感，因此人们对审美的追求，往往也是对规律的探究。历史上有许多伟大的科学家，同时也是艺术家，科学与艺术的联袂不是偶然的巧合，而是因为审美和规律之间往往存在着内在的联系。

3. 创新思维的特征及形式

凡是突破传统思维习惯，以新颖独创的方法解决问题的思维过程，都可以称为创新思维。这种独特的思维常使人产生独到的见解和大胆的决策，并获得意想不到的效果。

1）创新思维的特征

（1）创新思维的独创性。这是创新思维的基本特点，创新思维活动是新颖、独特的思维过程，它打破常规，解放思想，锐意改革，勇于创新。

（2）创新思维的多向性。创新思维不受传统的单一的思想观念限制，思路开阔，能提出多个的设想和答案，选择面宽。当思路受阻、遇到难题时，能够灵活转换视角，善于调整思维方向，从新的角度切入，从而找到巧妙而有效的解决方案。

（3）创新思维的综合性。具有创新思维，就可以对现有的材料深入分析，把握其个性特点，再从中归纳出事物规律。

（4）创新思维的联动性。创新思维具有由此及彼的联动性，是创新思维所具有的重要的思维能力。联动性有 3 个方向：一是看到一种现象，就向纵深思考，探究其产生原因；二是逆向，善于发现现象的另一面；三是横向，能联想到与其相似或相关的事物。总之，创新思维的联动性表现为由浅入深，由小及大，触类旁通，举一反三，从而获得新的想法与发现。

（5）创新思维的跨越性强调的是思维的灵活性和多角度性。创新思维的跨越性还具有跳跃性和直觉性的特点，这意味着思维可以跨越不同的领域和概念，迅速形成新的联系和见解。

2）创新思维的形式

创新思维能使人突破思维定势思考问题，以新的思路去寻找解决问题的方法。常用的创新思维方式有逆向思维、侧向思维、求异思维、类比思维、综合思维、发散思维、收敛思维、组合思维等。

（1）逆向思维。逆向思维是对司空见惯的似乎已成定论的事物或观点反过来思考的一种思维方式。敢于“反其道而思之”，从问题的相反方向进行深入探索，打开思路，创立解决问题的新方法。逆向思维可分为功能反转、结构反转、因果反转、状态反转等几种。

（2）侧向思维。侧向思维与逆向思维一样，都是相对常规思维活动而言的。它们的区别在于：逆向思维在许多场合表现为与常人的思维方向相反，但轨迹一致，而侧向思维不仅在方向上，而且在轨迹上也有所不同，偏重另辟蹊径。

（3）求异思维。突破常规，创造革新。发明家往往善于“标新立异”，这正是因为他们具备求异思维—能够在人们习以为常的工具和方法中发现新可能，从而创造出前所未有的成果。求异思维的核心在于打破固有框架，不受传统观念和习惯的束缚，以全新的视角审视问题，用独特的思路和方法开拓创新。正如“出奇制胜”所强调的，真正的突破往往来自与众不同的思维方式。

（4）类比思维。类比思维是一种通过已知探索未知的创造性思维方式，连接已知与未知的创新桥梁。它善于在不同领域或看似无关的事物之间建立联系，从中发现新的可能性，并激发创新解决方案。这种思维方式的关键在于跨越表象差异，洞察事物之间的深层关联，从而为复杂问题提供独特的解决路径。

（5）综合思维。创新源于融合与优化。综合思维是一种将不同想法、方法或技术进行有机整合的创造性思维方式。它通过提取各要素的优势，实现互补与重组，从而解决复杂问题或创造全新作品（又称“集中思维”）。这种思维不仅能对原理、结构和设计进行系统性优化，更能产生“1+1>2”的创新效果。现代创新方法如“头脑风暴”和“诸葛亮会议”，正是综合思维在实践中的典型应用。

（6）发散思维。围绕一个问题，突破常规思维的束缚，沿不同方向去思考、探索，寻求解决这一问题的各种可能性，由一点到多点的思维形式就叫发散思维，又称扩散思维、多向思维、辐射思维。思维扩散的范围愈广，产生的设想越多，解决问题的可能性就越大。

（7）收敛思维。又称“聚合思维”“求同思维”“辐集思维”或“集中思维”。特点是使思维始终集中于同一方向，使思维条理化、简明化、逻辑化、规律化。与发散思维不同的是，发散思维是为了解决某个问题，从这一问题出发，方法、途径越多越好，总是追求更多的办法；而收敛思维也是为了解决某一问题，在众多的现象、线索、信息中，向着问题同一个方向思考，根据已有的经验、知识或发散思维中针对问题的最好方法去得出最好的结论和最好的解决方法。收敛思维与发散思维，如同“一枚硬币的两面”，是对立的统一，具有互补性，不可偏废。

（8）组合思维。组合思维是指把多项貌似不相关的事物通过想象加以组合连接，从而使之变成彼此不可分割的新的整体的一种思考方式。同类组合是若干相同事物的组合。参与组合的事物在组合前后基本原理和结构一般没有根本的变化。异类组合是两种或两种以上不同领域的事物的组合、两种或两种以上不同功能事物的组合。组合事物（技术思想或产品）来自不同的方面，一般无主次关系。参与组合的事物从意义、构造、成分、功能等任一方面和多方面互相渗透，整体变化显著。异类组合是异类求同的创新，创新性很强。重组组合就是在事物的不同层次分解原来的组合，然后再按照新的目标重新安排的思维方式。

4. 创造性技法

创造性技法是指收集大量成功的创造和创新的实例后，研究其获得成功的思路和过程，经过归纳、分析、总结，找出规律和方法以供人们学习、借鉴和仿效。常见的有以下 8 种基本技法。

（1）自由联想法，即在放松状态下，自由说出任何联想到的内容。

（2）强制联想法。相比自由联想法，强制联想法则是有意识地限制联想的主体和方向。其执行方式是先选择欲改善的焦点事物，多方罗列与焦点无关的事物，然后强行列举事物与焦点对象结合，最后选择最佳方案。

（3）类比法，也叫“比较类推法”。是指由一类事物所具有的某种属性，可以推测与其类似的事物也应具有这种属性的推理方法。其结论必须由实验来检验，类比对象间共有的属性越多，则类比结论的可靠性越大。类比法的特点是“先比后推”。“比”是类比的基础，既要“比”共同点也要“比”不同点。对象之间的共同点是类比法是否能够施行的前提条件，没有共同点的对象之间是无法进行类比推理的。

（4）头脑风暴法，出自“头脑风暴”一词。头脑风暴最早是精神病理学上的用语，指精神病患者的精神错乱状态而言的，如今转而为无限制地自由联想和讨论，其目的在于产生新观念或激发创新设想。

（5）缺点列举法，是通过会议的形式收集新观点、新方案、新成果的缺点进行分析的方法。这种方法的特点是从列举事物的缺点入手，找出现有事物的不足之处，然后再探讨解决问题的方法和措施。这种分析方法一般分为如下两个阶段，即列举缺点阶段和探讨改进政策方案阶段。

（6）检核表法是指在考虑某一个问题时，先制成一览表对每个项目逐一进行检查，以避免遗漏要点，获得观念的方法，可用来训练学生的思维严谨性，避免考虑问题有所遗漏。一般检核表可自行设置与备份。

（7）六顶思考帽法是一种全面思考问题的模型。它提供了“平行思维”的工具，避免将时间浪费在互相争执上。强调的是“能够成为什么”，而非“本身是什么”，是寻求一条向前发展的路，而不是争论谁对谁错。所谓六顶思考帽，是指使用六顶不同颜色的帽子代表六种不同的思维模式，通过排列帽子的顺序，设置组织思考的流程。戴上白色思考帽，人们思考的是关注客观的事实和数据。绿色思考帽寓意创造力和想象力，具有创造性思考、头脑风暴、求异思维等思维模式。戴上黄色思考帽，人们将从正面考虑问题，表达乐观的、满怀希望的、建设性的观点。戴上黑色思考帽，人们将运用否定、怀疑、质疑的看法，进行合乎逻辑的批判，尽情发表负面意见找出逻辑上的错误。戴上红色思考帽将表现自己的情绪，人们还可以表达直觉、感受、预感等方面的看法。戴上蓝色思考帽将负责控制和调节思维过程，因为它负责控制各种思考帽的使用顺序，规划和管理整个思考过程，并负责作出结论。

（8）组合创造法是指将两种或两种以上的设想、技术或产品的一部分进行适当的叠加和组合，以形成新的创意、技术或新产品的发明创造方法。组合的思维基础是联想思维。在大学生的发明创造活动中，组合创造法属于应用最多、效果最好的发明创造法之一。

5. 头脑风暴法运用实例

采用头脑风暴法进行群体决策时，要集中有关专家召开专题会议，主持者向所有参与者阐明问题，说明会议的规则，尽力创造融洽轻松的会议氛围。项目负责人一般不发表意见，由专家们自由提出尽可能多的方案。

1）组织形式

小组人数一般为 10 ～ 15 人（课堂教学也可以班、组、专业为单位），最好由不同专业或不同岗位的人组成；时间一般为 20 ～ 60 分钟；设主持人 1 名，主持人只主持会议，对与会者的构想不作评论；设记录员 1 ～ 2 人，要求认真将与会者的构想都完整地记录下来。

2）会前准备工作

（1）会议主题要明确。会议主题要提前通报给与会人员，让与会者有一定准备。

（2）主持人最好由对决策问题的背景比较了解并熟悉头脑风暴法的处理程序和处理方法的人担任。主持人要熟悉并掌握该方法的要点和操作要素，了解主题现状和发展趋势。

（3）参与者要有一定的训练基础，懂得该会议提倡的原则和方法。会前可进行柔化训练，以减少思维惯性。

3）会议讨论的基本原则

为使与会者畅所欲言，互相启发和激励，达到较高效率，必须严格遵守下列原则。

（1）与会人员一律平等，各种构想需全部记录。与会人员，不论身份、专业程度，一律平等；各种构想，不论大小，甚至是最荒诞的构想，也要求记录人员认真地将其完整记录下来。

（2）禁止批评和评论。对别人提出的任何想法都不能批判、不得阻拦。即使是自己认为幼稚的、错误的，甚至是荒诞的、离奇的构想，亦不得进行驳斥；同时也不允许自我批判，在心理上调动自身在内的每一个与会者的积极性，防止出现一些“扼杀性语句”和“自我扼杀语句”，也不能出现皱眉、叹气、漠然等表情。

（3）目标集中，追求构想数量越多越好。会议不以构想的质量为目标，而以构想的数量为目标，即“重数量、轻质量”。

（4）主张独立思考，不允许私下交谈，以免干扰其他人的思维。

（5）会议提倡自由发言、任意想象、尽力发挥，构想越新、越怪越好，因为它能启发人的思维。

（6）鼓励巧妙地利用和改善他人的构想。这是激励的关键所在。每个与会者都要从他人的构想中得到启示，或补充他人的构想，或将他人的若干构想综合起来提出新的构想等。

4）会议实施步骤

会前准备：与会人、主持人和课题任务都落实，必要时可进行柔性训练。

召集会议：由主持人公布会议主题并介绍与主题相关的情况；突破思维惯性，大胆进行联想；主持人控制好时间，力争在有限的时间内获得尽可能多的创意性构想。

会后论证：对记录的创意性构想进行逐一论证。

6. 创新素质提升路径

创新能力是一个人成功的必备条件，那么一个人如何才能具有创新能力，并提升创新素质呢？我们可以从以下5点出发，逐步养成创新习惯。

（1）勤于思考。创新来自反复的思考，然而大多数人的习惯做法是在一个问题有了答案的前提下，往往就会放弃继续思考。在经济、社会、科技不断发展的当下，全球化网络平台可以不受时间、地点乃至语言的限制，分享各种知识和信息，我们遇到的很多问题都可以找到答案。在生活中，创新很多时候是交流的产物，需要人与人之间的沟通。在不同文化碰撞中，创意思维得到显著提升，新的观念也会不断产生。

（2）勤于观察。好奇心是创新的驱动力。保持对事物的好奇心，不断探索未知领域，提出问题并寻找答案。英国物理学家道尔顿患色盲症，但是在他发现自己的视觉异常后，用心钻研，最终填补了医学上关于色盲症的理论空白。安藤百福排队买拉面，从中发现了商机，于是便有了方便面。乔立不慎把煤油滴到了衣服上，从中发现煤油竟然有去污渍的功效。可见，创新源于生活，同时又能够服务生活和指导生活。要培养创新精神，就必须善于观察生活、思考生活、体验生活。

（3）培养想象力。想象力是创新的催化剂，既需要构建激发创意的外部环境，也源于个人的内在思维训练。若将创新比作拍摄电影，想象力就是具有艺术眼光与执行力的导演。研究表明，想象力可以通过系统训练获得提升。我们要善于汲取前人经验，将知识储备与现实观察融会贯通，通过持续的知识整合与思维重构，最终实现创新突破。这种培养过程既需要方法论的指导，也离不开个人的主动探索与实践。

（4）大胆怀疑。许多科学家对旧知识的扬弃，对谬误的否定，都是从怀疑开始的。例如，伽利略始于对亚里士多德，对其物体依本身的轻重而下落有快有慢的结论的怀疑，发现了自由落体定律。怀疑是发自内在的创造潜能，它激发人们去钻研、去探索。对待所学习或研究的事物我们应做到：不要迷信权威，大胆怀疑。这是创新的出发点。

（5）大胆尝试。创新就像科学研究，都是做前人从未做过的事；创新又像另一种方式的实验，大多数时无法预测。在创新的过程中，失败是不可避免的。爱迪生在发明钨丝灯之前，尝试过几千种材料。无论尝试的结果是否如愿，都为下一次尝试提供了宝贵经验。

7. 创业与创新的关系

创业与创新是两个不同的概念，却存在着本质上的契合与内涵上的相互包容。创新是创业的基础，而创业推动着创新实践过程中的发展。总体上说，科学技术、思想观念的创新促进人们物质生产和生活方式的变革，引发新的生产、生活方式，进而为整个社会不断地提供新的消费需求，这是创业活动源源不断的根本动因；另一方面，创业在本质上是人们的一种创新性实践活动。无论是何种类型的创业活动，它们都有一个共同的特征，即创业是主体的一种能动的、开创性的实践活动，是一种高度的自主行为。

8. 大学生创业教育

大学生创业教育是对在校大学生进行创业所需的基本理论、基本方法与基本技能的系统培训和教育。通过模拟成立创业公司，了解成立公司所需法律流程与公司的运营模式、管理方式及团队建设，熟悉公司框架，为未来创业储备充足的专业技能和管理知识。

特别提醒：大学生创业教育的目的是让大学生具备创业能力，而不是毕业后一定要走创业之路。

9. 创造力测评表

创造力测评表见表 1-1。

表 1-1 创造力测评表

测试内容	符合（√）	不符合（×）
1. 听别人说话时，你总能专心		
2. 完成了上级布置的某项工作，你总有一种兴奋感		
3. 你观察事物向来很仔细		
4. 你在说话以及写作时经常采用类比的方法		
5. 你总能全神贯注地读书、写作或者绘画		
6. 你从不迷信权威		
7. 你对事物的各种原因喜欢寻根问底		
8. 你平时喜欢学习或琢磨问题		
9. 你经常思考事物的新答案和新结果		
10. 你能够从别人的谈话中发现问题		
11. 你从事带有创造性的工作时，经常忘记时间		
12. 你能够主动发现问题以及和问题有关的各种联系		
13. 你对周围的事物保持好奇心		
14. 你能够经常预测事情的结果并验证这一结果正确性		

续表

测试内容		符合（√）	不符合（×）
15. 你总是有些新设想在大脑中涌现			
16. 你有敏感的观察力和提出问题的能力			
17. 你遇到困难和挫折时从不气馁			
18. 你在工作中遇到困难时，常能采用自己独特的方法去解决			
19. 在解决问题过程中找到新发现时，你总会感到十分兴奋			
20. 遇到问题，你能从多方面多途径探索解决它的可能性			
评价	如果有 17 ～ 20 道题答案是打“√”的，则证明创造力很强		
	如果有 14 ～ 16 道题答案是打“√”的，则证明创造力良好		
	如果有 10 ～ 13 道题答案是打“√”的，则证明创造力一般		
	如果低于 10 道题答案是打“√”的，则证明创造力较差		

1.3 任务内容

子项目 1：创新素养认知

任务 1：创新创业认知

实训教具：Wi-Fi 教学环境、A4 纸、中性笔。

实训教学形式：分组教学。

任务完成时间：10 分钟。

实训教学过程如下。

（1）布置任务：各组收集 1 ～ 3 种创新创业案例，讨论这些案例创新的特点、方法、类型等。

（2）分组讨论：10 人为一个学习小组，重点讨论个人创业意愿及创业计划，讨论创业所拥有家庭资源及社会资源，并将讨论内容整理成书面文字或 PPT。

（3）教师巡视：及时解答学生的疑问。

（4）效果检查：各小组依次进行汇报，并对其评分，记为过程性考核成绩。

（5）教师点评：教师点评收尾，本次教学任务结束。

任务 2：分析个人创新素质及能力

实训教具：测评问卷。

实训教学形式：现场自我测评和剖析。

任务完成时间：10 分钟。

实训教学过程如下。

（1）布置任务：发放测评问卷，限时完成。

（2）分组讨论：10 人为一个学习小组，重点讨论个人创业素养、创业能力及创业意愿，针对个人答卷评分并讨论个人创新能力。

（3）教师巡视：及时解答学生的疑问。

（4）效果检查：各小组依次选派代表进行汇报，并对其评分，记为过程性考核成绩。

（5）教师点评：教师点评收尾，本次教学任务结束。

附录：创新思维能力测评问卷和评分标准及评价见表 1-2 和表 1-3。

表 1-2　创新思维能力测评问卷

创新思维能力测评			
测试内容	是	不确定	否
1. 你认为那些使用古怪和生僻词语的作家，纯粹是为了炫耀			
2. 无论什么问题，让你产生兴趣比让别人产生兴趣要困难得多			
3. 对那些经常做没把握事情的人，你不看好他们			
4. 你常常凭直觉来判断问题的正确与错误			
5. 你善于分析问题，但不擅长对分析结果进行总结、提炼			
6. 你审美能力较强			
7. 你的兴趣在于不断提出新的建议，而不在于说服别人去接受这些建议			
8. 你喜欢那些一门心思埋头苦干的人			
9. 你不喜欢那些显得无知的问题			
10. 你做事总是有的放矢，从不盲目行事			

表 1-3　评分标准及评价

评分标准			
题号	“是”评分	“不确定”评分	“否”评分
1	–1	0	2
2	0	1	4

续表

评分标准			
题号	“是”评分	“不确定”评分	“否”评分
3	0	1	2
4	4	0	–2
5	–1	0	2
6	3	0	–1
7	2	1	0
8	0	1	2
9	0	1	3
10	0	1	2
测评评价			
22 分以上，则说明被测试者有较高的创新思维能力，适合从事环境较为自由，没有太多约束，对创新性有较高要求的岗位，如美编、装潢设计、工程设计、软件编程等。			
11 ～ 21 分，则说明被测试者善于在创新性与习惯做法之间找到平衡，具有一定的创新意识，适合从事管理岗位，也适合从事其他许多与人打交道的岗位，如市场营销。			
10 分及以下，则说明被测试者缺乏创新思维能力，属于循规蹈矩的人，做事总是有板有眼，一丝不苟，适合从事对纪律性要求较高的岗位，如会计、质量监督员等。			

子项目 2：评估创新能力

任务 1：汇集创新思维方法

实训教具：Wi-Fi 教学环境、A4 纸、中性笔。

实训教学形式：分组教学。

任务完成时间：10 分钟。

实训教学过程如下。

（1）布置任务：各组收集 1 ～ 3 种创新思维方法，如自由联想法、类比法及六顶思考帽法，举例说明该思维方法的创新应用。

（2）分组讨论：各小组将所列举的思维方法及讨论内容整理成书面文字或 PPT。

（3）教师巡视：及时解答学生的疑问。

（4）效果检查：各小组依次进行汇报，并对其评分，记为过程性考核成绩。

（5）教师点评：教师点评收尾，本次教学任务结束。

任务 2：运用头脑风暴法，穷举回形针用途

实训教具：回形针若干枚，A4 纸、中性笔。

实训教学形式：头脑风暴会议。

任务完成时间：15 分钟。

实训教学过程如下。

（1）布置任务：教师介绍回形针及其基本用途，要求以小组形式探讨回形针的更多用途。

（2）组建团队并分工：按头脑风暴会议标准，每 10 人为一个学习小组并选取 1 名主持人和 1 名记录员。

（3）分组讨论：各组头脑风暴，讨论并记录整理回形针的用途。在讨论过程中，需要特别注意的是要遵守头脑风暴法会议讨论的基本原则。

（4）教师巡视：及时解答学生的疑问。

（5）效果检查：各小组依次进行汇报，并对其评分，记为过程性考核成绩。

（6）教师点评：教师收集汇总头脑风暴成果，点评会议进程，本次教学任务结束。

1.4　创业案例选编

案例一：把产品当作为自己生产的

有个优秀的老木匠告诉老板自己准备退休，回家与妻子、儿女享受天伦之乐。

老板舍不得这样一位好工人离开，问他能否帮忙再建一座房子，老木匠说可以。但后来大家都看得出来，老木匠的心已不在工作上，他用的是次料，做的是粗活。房子建好的时候，老板把这座房子的钥匙递给老木匠。

“这是你的房子。”老板说，“这是我送给你的礼物。”

老木匠听到后既震惊又羞愧，如果早知道是在给自己建房子，就不会这样粗制滥造了！

思考分析：

1. 老木匠为什么造了一幢粗制滥造的房子？

2. 你从这个故事中学到了什么？

案例二：马元敏的“互联网＋教育”

马元敏大学毕业后，选择了自主创业，成立了自己的元敏艺术学校。

经过长时间的思考和调研，马元敏和合作伙伴开发了“元敏艺学”App，致力于帮助艺术培训学校对接师生资源，并提供信息交流的线上平台。她希望通过这个平台，能够快速解决艺术培训学校招聘难、招生难的问题。随后，又开发了元敏艺学学校管理系统，及时提供如管理教学培训、冬夏令营、游学、活动赛事等服务，真正实现了学校智能化管理。元敏艺学学校管理系统的上线，受到了机构、教师、学员与其他用户的一致好评。

思考分析：

1. 你认为马元敏是如何借助互联网技术创业的？
2. 对于利用互联网技术创业，你有什么想法？

1.5 创业明星

石某营，男，济宁职业技术学院2010届建筑工程技术专业的毕业生，2016年创办菏泽市单县某专业培训公司，营业范围包括初高中文化课培训、建筑专业技术培训等。

在校学习期间，石某营学习成绩优异，专业技术扎实，并担任学生会干部，在工作中认真负责、勤劳踏实，同时注重团队合作，其间培养了较强的管理策划与组织管理协调能力。

毕业后，石某营在一家知名建筑公司从事专业技术工作，经过几年建筑工程项目历练，专业技术和管理能力都得到很大提高，同时也积累了创业资金。2016年，石某营回归家乡投资成立某专业培训公司，年培训数千人次，培训金额近百万元。

1.6 实训练习

结合创造力测评表，自我评价，并分析个人创新能力的特点。

项目二

评估创业能力

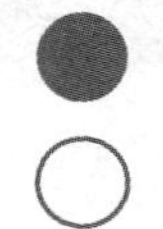

2.1 素质要求

【知识目标】

（1）了解大学生创业动机。

（2）熟悉大学生创业应具备的素质。

（3）掌握提升沟通能力的步骤和方法。

（4）熟悉大学生创业相关法律法规。

【能力目标】

（1）能正确认识创业动机。

（2）具备培养创业素质的能力。

（3）具备提升沟通水平的能力。

（4）能够用相关法律法规为创业之路保驾护航。

【素养目标】

提高学生的开拓创新能力和组织管理能力。

2.2 理论知识梳理

2.2.1 专业名词

（1）**创业环境**是指那些与创业活动相关联的因素的集合，包括宏观环境和微观环境、企业环境和行业环境。宏观环境是指那些给企业造成市场机会或环境威胁的主要社会力量。微观环境是指企业的客户、竞争者、营销渠道和有关公众等对企业营销活动有直接影响的各种因素。企业环境是指企业的生产要素、管理水平、经营能力等自身因素。行业环境是指提供同一类产品（或服务）或提供具有可替代性产品（或服务）的企业群。

（2）**创业动机**是指引导和维持个体从事创业活动，并使活动朝向某些目标的内部动力。它是鼓励和引导个体为实现创业成功而行动的内在力量。

（3）**创业精神**是创业者所具有的开创性的思想、观念、个性、意志、作风和品质等内涵，其本质表现为孜孜以求的创新活动或创新过程。

（4）**创业者的自我认知**主要是对个人的创业素质、创业意识、沟通能力等内在因素进行的综合分析，以确定自己是否适合创业。如果发现自己适合创业，还要进一步考虑自己适合在哪些行业创业，以什么项目为切入点进行创业等问题。

（5）**领导力**就是把握组织的使命及动员员工围绕这个使命去努力奋斗的一种能力。决定领导力的关键因素是领导者的个人品质、思维方式和个性。

（6）**执行力**就是依照组织战略和组织发展规划，组织对内外部可利用的资源进行综合协调，通过有效的执行措施实现组织目标的一种力量和能力。执行力可以分为个人执行力和团队执行力。

（7）**沟通能力**包含着表达能力、争辩能力、倾听能力和设计能力。沟通能力看起来是外在的东西，实际上是个人素质的重要体现，它关系着一个人的知识、能力和品德。

（8）**情绪自我控制力**是指能够自觉控制自己的情绪的一种能力，也称情绪管理能力。即无论是遇到困难和挫折还是成功和喜悦，均能够理智地控制自己的情绪和行为。

（9）**核心竞争力**是一个企业（人才、国家或者任何参与竞争的个体）能够长期获得竞争优势的能力，是其所特有的、能够经得起时间考验的、具有延展性，并且是竞争对手难以模仿的技术或能力。现代企业的核心竞争力是一个以知识、创新为基本内核的企业某种关键资源或关键能力的组合，是能够使企业、行业和国家在一定时期内保持现状或潜在竞争优势的动态平衡系统。

（10）**专利权**是指国家根据发明人或设计人的申请，以向社会公开发明创造的内容，以及发明创造对社会具有符合法律规定的利益为前提，根据法定程序在一定期限内授予发明人或设计人的一种排他性权利。

（11）**商标**是用以识别和区分商品或者服务来源的标志。任何能够将自然人、法人或者其他组织的商品与他人的商品区别开的标志，包括文字、图形、字母、数字、三维标志、颜色组合和声音等，以及上述要素的组合，均可以作为商标申请注册。

（12）**税法**是国家权力机关和行政机关制定的用以调整税收关系的法律规范的总称，是国家法律的重要组成部分。是以宪法为依据，调整国家与社会成员在征纳税上的权利与义务关系，维护社会经济秩序和税收秩序，保障国家利益和纳税人合法权益的一种法律规范。

（13）《中华人民共和国劳动法》是调整劳动关系以及与劳动关系密切联系的社会关系的法律规范总称。其内容主要包括：劳动者的主要权利和义务；劳动就业方针政策及录用职工的规定；劳动合同的订立、变更与解除程序的规定；集体合同的签订与执行办法；工作时间与休息时间制度；劳动报酬制度；劳动卫生和安全技术规程等。

（14）《中华人民共和国劳动合同法》是为了完善劳动合同制度，明确劳动合同双方当事人的权利和义务，保护劳动者的合法权益，构建和发展和谐稳定的劳动关系提供法律保障。中华人民共和国境内的企业、个体经济组织、民办非企业单位等组织与劳动者建立劳动关系，订立、履行、变更、解除或者终止劳动合同，适用本法。

2.2.2 理论体系

1. 大学生创业动机分析

（1）就业压力促使大学生创业。当前，我国的大学毕业生就业形势相当严峻。在这种情况之下，不少大学生找不到自己满意的工作，开始尝试创业。

（2）实现自我价值。每个院校都会宣传毕业生的创业故事。这些成功案例激发了大学生的创业激情，大家也都希望自己能像他们一样成就一番事业，实现人生价值。

（3）经济利益的诱惑。目前，我们正处于社会大变革的年代，一部分人率先富裕起来，成为了社会的标杆。在以经济建设为中心的大环境中，物质生活及薪酬待遇是大学生考虑的重要因素，自主创业可能带来良好的经济效益。

（4）厚积薄发。一部分大学生为了增加自己的实践经验，丰富自己的社会阅历，为了自己以后的发展或实现某个目标做好经济上的准备，在条件成熟的情况下也会利用课余时间走上创业的道路。

（5）崇尚自由的工作生活方式。很多大学生喜欢自由自在的工作生活方式，不喜欢被禁锢在工作岗位。部分学生选择创业的也是崇尚自由的工作时间。

（6）具有冒险精神。部分选择创业的大学生受家庭影响，具有冒险精神，喜欢探索与尝试，不喜欢循规蹈矩。

2. 大学生创业的有利因素分析

（1）政府为鼓励大学生创业，提供的创业环境宽松。创业环境是一个系统，影响创业环境的因素有很多，既有内部因素，也有外部因素；既有宏观因素，也有微观因素；既有社会因素，也有自然因素。这些因素涉及市场、行业、经济、环境、政治、社会等各个方面。创业环境是影响大学生创业动机的重要因素。

为了鼓励大学生创业，国家先后出台了一系列政策优惠措施，如提供专项培训经费、设置大学生创业园、简化审批手续、减免税收、提供创业小额贷款和担保等，在各方面为大学生创业开启了绿色通道。大学课程中，越来越多的专业开设了创业指导课程。政府部门、协会、学校等组织了各种形式的创业大赛或相关创业活动，全社会创新创业的氛围空前高涨。

（2）网络技术突飞猛进的发展，为大学生提供大量的创业机会。互联网技术、物联网技术的快速发展，改变了人们的工作习惯、生活习惯、消费习惯，“线上 + 线下”的经营模式改变了社会的传统创业方式，也为大学生自主创业提供了有利条件。网络技术的发展使行业更加细化，适合大学生的创业项目越来越多。

（3）彰显大学生的自我价值。朝九晚五的工作不能满足部分大学生对自我价值的追求，一些自我意识很强的学生，一般会选择自主创业来证明自我价值。通过创业，可以获得更大的发展空间，找到适合自己的工作并发现自身的价值。

（4）在大学期间，学生们积累了大量专业知识和技能。这些知识和技能在创业过程中能够发挥重要作用，帮助创业者更好地把握市场趋势，提高经营效率，降低创业风险。通过运用所学专业知识，大学生创业者能够更好地满足市场需求，提供更具价值的产品和服务，从而赢得消费者的信赖和支持。

3. 大学生创业的不利因素分析

（1）大学生社会经验不足，盲目乐观，理想主义色彩浓厚。大学生在创业前期或初期，看到的都是成功案例与积极的因素，一旦在创业过程中遇到挫折和失败，就会意志消沉，最终失去了创业的兴趣。

（2）急于求成、缺乏市场意识及经营管理知识，是影响大学生成功创业的重要因素。大学生虽然掌握了一定的理论知识，但终究缺乏必要的实践能力和经营管理经验。尤其是一些非管理专业的学生更是缺少管理理论和经验，很难胜任企业经理人的角色。

（3）市场风险意识淡薄。大学生自信来源于自己技术的先进性和独特性，但对产品市场空间缺乏了解。容易一味热衷公司硬件建设，缺乏对营销策略的研究、缺少对盈利点及盈利能力的研究。

（4）大学生社会资源较少。初出校门，在资金方面，很难拿到投资；在人际沟通方面，与政府主管部门、行业协会、同行业企业、第三方服务机构等交往较少，鲜有业务联系；在技术方面，对行业的技术水平、竞争对手的技术水平了解不多；在人力资源方面，很难聘请到行业高端人才；在公司信誉方面，公司的美誉度、知名度较低。

4. 大学生创业需要具备的素质要求

（1）思想道德素质。事业心，具有强烈事业心能使创业者全力以赴地投入创业，充分发挥他们的聪明才智，最终取得成功。责任心，是个人能力中必不可少的素质，要求创业者以社会利益、企业利益、员工利益为重。有诚信，世界上所有优秀企业，无一不是以诚信为本的。

（2）知识素质。一是专业技术知识。大学生创业多是依托其所学专业知识，在熟悉的领域开展创业活动。拥有一定的专业知识是创业成功的重要条件。二是管理知识。创业者需要学习管理知识，并能较熟练运用管理技能，不断改进工作方法、丰富管理经验，从而开发出新的管理资源，提高企业管理水平。三是经济知识。创业者通过学习经济知识，了解国家的宏观经济政策及利率、税收等财政政策，掌握一定的财务知识，能够借助资产负债表、利润表、现金流量表等分析企业的经营状况，在创业过程中实现价值的增值。四是熟知人文社科知识，了解人际沟通、商务谈判等相关知识，提升创业者综合素质。

（3）能力素质。一是创新能力，创新是经济竞争的核心，每一个成功的人都需要具有开拓创新的能力，大学生创业者更不例外。二是决策能力，决策能力也是一个人综合能力的体现，一个创业者能对创业的行业及产品进行浅析、判断，并能在错综复杂的现象中发现事物的本质。三是经营管理能力，经营管理能力涉及人员的选择、使用、组合和优化，也涉及资金聚集、核算、分配、使用、流动。经营管理能力是一种较高层次的综合能力，是运筹性能力。四是社会交往能力，要想实现自己的创业目标、使创业活动正常进行，就一定要学习人际交往中的技巧，提高人际交往能力，这不仅是适应社会生活的需要，也是创业活动正常进行的必要条件。五是沟通及表达能力。在畅谈个人理想、公司愿景、团队建设、工作安排、接友访客过程中，最重要的是清晰明了地表达个人观点。因此，对于创业者而言，沟通及表达能力是基本技能。

（4）身心素质。大学生创业者身心素质是身体素质与心理素质的合称。身体素质，一个成功的创业者不但要深入实际调查研究、处理文件、主持会议，而且要协调企业内外部关系，与各方人士交涉，每一项工作均需要付出巨大的心力和体力；心理素质，主要包括敢于创新的自信心，敢于决策的自主性，不怕失败、敢于冒险的胆识，能承受挫折与失败的，矢志不渝的恒心。

5. 提高大学生创业者素质的基本途径

（1）重视创业素质的自我培养。大学生要想创业，要注重培养专业能力，锤炼胆识，同时培养创业人格、创业思维和创业意识与技能。

（2）积极参加实践活动。首先，大学生可通过参与社团活动、校外兼职、社会调查等活动来接触社会，了解市场，提高自己的综合素质。其次，大学生在校期间要积极参与创业实践活动，如职业生涯规划大赛、创意创新创业大赛、“挑战杯”大学生创业计划大赛等。最后，准备创业的大学生可以积极参与企业考察活动，有目的地到一些企业学习考察，了解当地企业经营状况，熟悉行业市场。

（3）广泛获取创业经验。首先，大学生可以通过创业指导课、阅读相关书籍、浏览网络、媒体等途径获取大量的创业知识和信息。其次，可以组建自己的创业团队在学院的创业基地进行模拟创业训练。最后，投身于真正的创业实践中去，提高自己的创业能力。

6. 如何提升大学生创业者的沟通能力

1）人际沟通的四个原则

一是明确的目的。沟通是传播信息、交流情感和达成目标的过程。每次的正式沟通，先要想好此次沟通希望达到什么效果。

二是从容的心态。人的本性决定了人们会关爱自己，并希望别人也来关爱自己、接受自己。所以，在沟通中要忘记自己想要得到的，去关注对方的需求，接受不同的观点和看法。多去想自己能带给别人什么，而不是能改变对方什么。

三是渐进地感染。每个人都有自己的安全区，在彼此不够熟悉时，对方是封闭的。在沟通过程中，我们需要攻克对方的安全区才能取得效果。所以我们要做的是把自己完全打开，来感染别人，在别人被打动，甚至产生共鸣后，自然就愿意敞开心扉。

四是快乐的氛围。人们总是喜欢和快乐的人在一起，沟通的过程中，不要忘记绽放你的笑容、送上真诚的赞美。要时刻带给别人快乐，给别人以信心和力量。

2）人际沟通的基本技巧

（1）确定你的沟通风格。你必须清楚自己平常的沟通方式，这样一来你才能更有意识地去把握自己的交流风格。

（2）学会表达。能够清晰地表达自己的想法。

（3）明示对谈话者的尊重。彬彬有礼、言而有信是极其重要的人际交往原则。

（4）坚持用第一人称，缩短心灵距离。在向人表述你对某一情况的感受时，使用第一人称要远比使用第二人称来得有效。

（5）任何时候都要勤思考、慢表述。在开口之前，先深呼吸，组织好想要表达的想法，然后再宣之于口。

（6）要学会倾听。一个善于沟通的人总是先专注于倾听别人的表述，之后再思索自己该怎样回复，最后才向对方进行表述。

（7）选择正确沟通渠道。根据场景选择适当的沟通渠道和方式，避免因场合错误导致信息传达错误。

（8）注重"三秒钟印象"，学会如何"开场"。用积极的话语作为一段对话的开头，这种方式很容易为对话奠定一个建设性的基调，给他人留下较好的印象，便于继续开展更深入的交流。

（9）善用诱导，学会提问。如果你习惯侃侃而谈，总是独自霸占所有交流时间，那不妨试试时不时有意识地停下讲话，转而向对方提出问题，引导对方表达个人观点，激发对方的谈话意图。

7. 大学生创业相关政策及法律法规认知

守法是成功创业的根本，创业者要自觉地学习与企业经营有关的法律法规，树立遵纪守法观念，防范和避免在经营过程中出现与法律法规相悖的做法。同时，要树立起自我保护意识，学会用法律武器保护公司的合法权益不受损害。

为了确保创业者自身和他人的合法利益不受非法侵害，创业者在创建和经营公司的过程中，必须了解和遵守相关法律法规。

8. 大学生创业能力测试表

大学生创业能力测试表见表 2-1 所示。

表 2-1 大学生创业能力测试表

创业能力测试项	符合程度				
	非常符合	比较符合	一般符合	不符合	非常不符合
我对社会的变化十分敏感					
我可以较准确预测某件事情的发生					
我经常会产生一些奇思妙想					
我经常改进一些工作方式、学习方法					
我对学校的学生活动经常提出一些改进建议					
每一件事情我都会制订一份完整的工作计划					
我关注新闻联播，每天浏览新闻网站					
我经常关注国际经济动态，了解国际新闻					
我喜欢逛市场，了解物价及行情					
我善于与人交往，朋友很多					
我善于表达个人想法，经常向同学、老师请教问题					
在我的朋友圈中，我号召力强，是朋友圈的核心					
对不喜欢的同学，我也能友好相处					
我处理事情较果断，不拖泥带水					
我有组织项目（活动）的成功经验					
如果一件事情成功的概率有 50% 以上，我就认为这件事可以做					
我特别喜欢新技术，并利用新技术解决难题					
我关注技术发明、社会创新					
我抗挫折能力强，属于百折不挠型					
面对不利环境，我能保持乐观积极的心态					

评分标准：非常符合计 5 分、比较符合计 3 分、一般符合计 1 分、不符合计 0 分、非常不符合计 –3 分。

自我创业能力评价：总分大于 85 分，说明有较强的创业能力；总分在 70 ～ 85 分，说明有一定的创业能力；总分在 50 ～ 69 分，说明创业能力较弱；总分在小于 50 分，说明创业能力差，不建议创业。

2.3 任务内容

子项目1：认知创业环境

任务1：测评大学生创业动机

实训教具：大学生创业动机调查问卷。

实训教学形式：问卷调查。

任务完成时间：10分钟。

实训教学过程如下。

（1）布置任务：发放调查问卷，学生单独填写调查问卷。提醒学生按照本人的实际情况填写，在创业方面没有“对错”之分，只有“合适不合适”。

（2）教师巡视：针对学生犹豫不决的问题或疑惑、不理解的问题进行答疑，及时解决学生的疑问。

（3）效果检查：选定2～3名学生汇报个人填报《大学生创业动机调查问卷》的情况。重点考查学生创业动机是否端正，表述是否清晰准确，言行举止是否符合基本礼仪，记为过程性考核成绩。

（4）教师点评：在学生创业动机是否端正，表述是否清晰准确，言行举止是否符合基本礼仪等方面进行点评，肯定学生的成绩，也要指出学生的不足之处。

附录　大学生创业动机调查问卷

大学生创业动机调查问卷

一、基本信息

性别：______　年龄：______　年级：______　是否独生子女：______

二、创业认识

1. 您对创业的理解是？（　　）

A. 开办一个独创企业　　B. 只要开创一份事业都可以叫创业

C. 开发一个项目　　D. 其他

2. 您觉得本校的创业教育开展情况如何？（　　）

A. 很好　　B. 还可以　　C. 很一般　　D. 几乎没有

3. 您是否接受过创业教育或创业培训课程？（　　）

A. 是　　B. 否

4. 您了解国家或当地对于大学生创业的各种优惠政策吗？（　　）

A. 没听说过　　B. 听说过，但不太了解

C. 大概清楚　　D. 非常了解

5. 在校期间您是否做过兼职？（　　）

A. 是　　B. 否

6. 您是否有创业经历？（　　）

A. 是　　B. 否

7. 您现在是否有创业的打算？（　　）

A. 是　　B. 否

注：如果您没有创业打算，希望您能在假设创业的前提下对以下问题认真回答。

三、创业动机

1. 创业可以实现自己的价值，对社会作出贡献。（　　）

A. 非常不符合　　B. 不确定　　C. 符合

2. 创业可以提升自己的素质和完善自我。（　　）

A. 非常不符合　　B. 不确定　　C. 符合

3. 创业可以发挥自己的专业特长，证明自己的才华。（　　）

A. 非常不符合　　B. 不确定　　C. 符合

4. 创业可以体现自己的组织管理能力，证明自己。（　　）

A. 非常不符合　　B. 不确定　　C. 符合

5. 通过创业，可以提高社会地位。（　　）

A. 非常不符合　　B. 不确定　　C. 符合

6. 通过创业，可以改善家庭经济条件。（　　）

A. 非常不符合　　B. 不确定　　C. 符合

7. 学校创业氛围浓厚，提供有利条件，同学们好多都在创业。（　　）

A. 非常不符合　　B. 不确定　　C. 符合

8. 国家政策支持，当地政府积极扶植，所以想要试试。（　　）

A. 非常不符合　　B. 不确定　　C. 符合

9. 身边有亲戚创业，受他们的影响。（　　）

A. 非常不符合　　B. 不确定　　C. 符合

10. 家庭能够提供资金或人力方面的支持，所以选择创业。（　　）

A. 非常不符合　　B. 不确定　　C. 符合

11. 通过创业，可以缓解就业压力。（　　）

A. 非常不符合　　B. 不确定　　C. 符合

12. 在校期间有过创业经历，毕业后想继续创业。（　　）

A. 非常不符合　　B. 不确定　　C. 符合

任务 2：大学生创业能力测试

实训教具：大学生创业能力测试表。

实训教学形式：问卷调查。

任务完成时间：10 分钟。

实训教学过程如下。

（1）布置任务：发放大学生创业能力测试表，学生单独填写调查问卷，测试个人创业能力。提醒学生结合本人的实际情况如实填写，该项调查是对大学生个人创业能力的自我检测。

（2）教师巡视：针对学生犹豫不决的问题或有疑惑、不理解的问题进行答疑，及时解决学生的疑问。

（3）效果检查：选定 2 ～ 3 名学生汇报个人填报《大学生创业能力测试表》的情况。重点考查大学生创业所具有的基本能力，记为过程性考核成绩。

（4）教师点评：针对大学生创业所需的能力要求进行点评，提醒大学生在校期间要弥补素质短板。

任务 3：大学生创业政策及法律法规辨识

实训教具：Wi-Fi 教学环境、教学 A4 用纸、水性笔（黑色）、夹子。

实训教学形式：分组进行讨论，可以利用 Wi-Fi 教学环境上网查询相关资料，分发实训教具。

任务完成时间：10 分钟。

实训教学过程如下。

（1）布置任务：以指定案例为背景材料（也可用本项目的创业案例选编为背景材料），进行创业案例分析。

（2）分组讨论：围绕所指定的案例开展学习讨论。

（3）教师巡视：教师巡视各讨论组进展情况，启发学生思维，及时解答学生疑问。教师需要把控讨论时间，不断提醒学生时间节点。教师要督促学生按要求尽快完成讨论内容，杜绝拖延时间。

（4）效果检查：选定特定小组进行汇报，其余小组评分，记为过程性考核成绩。

（5）教师点评：重点点评学生对案例的理解，是否围绕思考问题进行讨论，问题分析是否透彻，语言表述是否清晰。

子项目 2：创业者自我认知

任务 1：测评大学生创业素质

实训教具：大学生创业素质测评表。

实训教学形式：现场测评。

任务完成时间：10 分钟。

实训教学过程如下。

（1）布置任务：发放《大学生创业素质测评表》。

（2）教师巡视：针对学生犹豫不决的问题或疑惑、不理解的问题进行答疑，及时解决学生的疑问。

（3）效果检查：选定 2 ～ 3 名学生汇报个人填报《大学生创业素质测评表》的情况。重点考查其所具备的思想道德素质、知识素质、能力素质和身心素质，记为过程性考核成绩。

（4）教师点评：针对大学生在创业方面所具备的思想道德素质、知识素质、能力素质和身心素质进行点评，并且考核大学生表述是否清晰准确，言行举止是否符合基本礼仪。

通过《大学生创业素质测评表》（表 2-2）评估你在某一方面具有优势、劣势还是不确定，再在对应的空白处打对号，然后再让一位非常了解你的人对你进行评估，统计出优势、劣势及不确定的对号数量。

表 2-2 大学生创业素质测评表

评估内容		自我评估			他人评估		
		优势	劣势	不确定	优势	劣势	不确定
思想道德素质	事业心						
	责任心						
	守信誉						
知识素质	专业技术知识						
	管理知识						
	商业知识						
能力素质	创新能力						
	决策能力						
	经营管理能力						
	社会交往能力						
身心素质	身体素质						
	心理素质						
优势合计		劣势合计			不确定合计		

任务 2：点燃创业激情

实训教具：多媒体教学。

实训教学形式：观看公益宣传片《青春·中国梦之青春创业篇》。

任务完成时间：20 分钟。

实训教学过程如下。

（1）布置任务：观看公益宣传片，并分组讨论观后感，企业团队成员为一个学习小组。

（2）分组讨论：围绕《青春·中国梦之青春创业篇》内容进行讨论，勿偏题太远。

（3）教师巡视：教师巡视各讨论组进展情况，启发学生思维，及时解答学生疑问；教师要督促学生按要求尽快完成讨论内容，杜绝拖延。

（4）效果检查：选定特定小组进行汇报，其余小组评分，记为过程性考核成绩。

（5）教师点评：教师可以阐述个人对公益宣传片《青春·中国梦之青春创业篇》的理解，解读党和政府的“双创政策”，杜绝传递负能量的内容。也可以选择一个知识点点评学生的表现情况。

任务 3：提升沟通能力

实训教具：总人数两倍的 A4 纸。

实训教学形式：互动小游戏。

任务完成时间：15 分钟。

实训教学过程如下。

（1）布置任务。互动小游戏操作程序：给每位学生发一张 A4 纸。第一步教师逐一发出单项指令：大家闭上眼睛—全过程不许问问题—把纸对折—再对折—再对折—把右上角撕下来，转 180 度，把左上角也撕下来—睁开眼睛，把纸打开，老师会发现各种图案。再进行第二步，老师请一位学生上来，重复上述的指令，唯一不同的是这次学生可以问问题。

（2）讨论安排。完成第一步之后可以问大家，为什么会有这么多不同的结果；完成第二步之后又问大家，为什么还会有误差（希望说明的是，任何沟通的形式及方法都不是绝对的，它依赖于沟通者双方彼此的了解、沟通环境的限制等，沟通是意义转换的过程）。

（3）教师点评。重点点评互动小游戏考查的内容是什么。围绕互动小游戏，简要讲述人际沟通的重要性及人际沟通的基本技巧。建议学生学习人际沟通的相关知识，并运用于日常活动。

2.4 创业案例选编

案例一：“卖油郎”的转行

1988 年，28 岁的魏应行，从台湾来到大陆，寻找合适的投资项目，他先后在北京、济南建立了生产油和蛋酥卷的工厂。虽然通过精彩的广告和良好的品质，在大陆拥有了一定的知名度，但是这两种产品均由于价格过高，市场很难打开。到 1992 年，魏应行所带全部资金几乎都赔了进去。

一次，魏应行出差途中，在火车上，他拿出从台湾带来的方便面，香味四散，吸引了周围的乘客。魏应行想到，既然大家这么喜欢，为什么不能生产方便面？就是这一念头，使他创造了顶新方便面王国。当时大陆的方便面市场两极分化，而中间价位产品却没有企业在做。顶新便锁定二至五元的中间价位市场。1992 年 8 月 21 日，第一袋“康师傅”方便面上市了。由于“师傅”这个称呼在华人中代表亲切、有责任感、专业性强，自此，“康师傅”方便面香飘大陆各地。

思考分析：

1. 如何正确理解市场进入与市场退出的辩证统一关系？

2. 从“康师傅”方便面的成功案例，谈一谈小微企业创新所具备的优势是什么？

案例二：赵海伶的淘宝小店

22 岁的赵海伶从四川外国语大学毕业后选择回乡创业，在淘宝网上开了家小店，专卖青川县土特产。她与“仙雾牌”茶叶公司签订网上销售协议，还收购青川木耳、蜂蜜、山药材等土特产进行网上销售，月收入上万元，并带动了两人就业和激发了更多人创业，最终被评选为首届四川省“十大溢彩女人”之一。

思考分析：

1. 你认为赵海伶创业的有利条件有哪些？

2. 赵海伶的创业事例给你带来哪些启示？

2.5 创业明星

公冶某亮，济宁职业技术学院 2010 届建筑工程技术专业毕业生。在校学习期间，公冶某亮曾担任学生干部，工作中认真负责、勤劳肯干，同时又注重团队合作，培养了较强的策划能力与组织协调能力。

公冶某亮毕业后在济宁一家知名建筑公司工作，一年后在建筑行业环境大好的情况下开始进行工程项目分包，干得风风火火，也赚取了第一桶金。2012 年他投资肉食兔养殖，把兔肉卖到了广东、四川、河北、福建等省份，年利润达到了 100 余万元。2014 年开始进行兔子的多元化养殖，成立了山东恒升兔业养殖有限公司和鸿顺兔业养殖专业合作社，年利润达到 600 余万元。

2.6 实训练习

结合个人实际情况，列举关于创业方面的有利条件及不利条件，并尝试客观分析个人创业能力。

项目三 基于专业层面创业分析

3.1 素质要求

【知识目标】

（1）了解所学专业的行业发展趋势。

（2）熟悉所学专业的创业类型。

【能力目标】

（1）能够通过分析所学专业的行业发展趋势，选择适合自身的创业类型。

（2）能够认知所学专业的特性，选取合适的创业类型。

【素养目标】

能够通过分析行业的发展趋势及对所学专业的认知，选择合适的创业类型，进而确定合适的创业项目。

3.2 理论知识梳理

3.2.1 专业名词

以建筑类专业为例，汇总专业名词。

（1）BIM 是建筑信息模型（Building Information Modeling）或者建筑信息管理（Building Information Management）的缩写，是以建筑工程项目的各项相关信息数据作为基础，建立起三维的建筑模型，并通过数字信息仿真模拟建筑物所具有的真实信息。它具有信息完备性、信息关联性、信息一致性、可视化、协调性、模拟性、优化性和可出图性 8 大特点。BIM 实现建设单位、设计单位、施工单位、监理单位等项目参与方在同一平台上，共享同一建筑信息模型，从而利于项目可视化、精细化建造。

（2）**绿色节能建筑**是指遵循气候和节能的基本设计方法，对建筑规划分区、群体和单体、建筑朝向、间距、太阳辐射、风向及外部空间环境进行研究后，设计出的低能耗建筑，同时在建筑的全寿命周期内，最大限度地节约资源，充分利用现有资源，尽可能用最少资源和最低的污染创造出最大的建筑价值，从而实现人与建筑以及自然环境的和谐共生。

（3）**智能建筑**是指以建筑物为平台，基于对各类智能化信息的综合应用，集架构、系统、应用、管理及优化组合于一体，具有感知、传输、记忆、推理、判断和决策的综合智慧能力，形成以人、建筑、环境互为协调的综合体，为人们提供安全、高效、便利及可持续发展功能环境的建筑。

（4）**装配式建筑**是指用工厂生产的预制构件在现场装配而成的建筑，从结构形式来说，装配式混凝土结构、钢结构、木结构都可以称为装配式建筑，是工业化建筑的重要组成部分。

（5）**智能家居**又称智能住宅，是指通过采用计算机技术、网络通信技术和综合布线技术，建立一个由家庭安全防护系统、网络服务系统和家庭自动化系统等组成的家庭服务与管理集成系统，从而实现全面、安全、舒适的居住环境以及便利的通信网络家庭住宅。

（6）**会计师事务所**是指依法独立承担注册会计师业务的中介服务机构，是由有一定会计专业水平、经考核取得证书的会计师（如中国的注册会计师、美国的执业会计师、英国的特许会计师、日本的公认会计师等）组成的，受当事人委托承办有关审计、会计、咨询、税务等方面业务的组织。

（7）**工程咨询**是指遵循独立、科学、公正的原则，运用工程技术、科学技术、经济管理和法律法规等多学科方面的知识和经验，为政府部门、项目业主及其他各类客户的工程建设项目决策和管理提供咨询活动的智力服务，包括前期立项阶段咨询、勘察设计阶段咨询、施工阶段咨询、投产或交付使用后的评价等工作。

（8）**“短平快”项目**常用来形容技术开发项目投资少、周期短、见效快、效益高的投资项目。

（9）**乐观决策法**就是利用“大中取大”的原则，从最好的结果中选择更好的结果，获取最大收益。乐观决策法关注有利因素，而忽略不利因素。

（10）**悲观决策法**就是利用“小中取大”的原则，从最差的结果中选择最好的结果，获取较大收益。悲观决策法更关注不利因素，而轻视有利因素。

（11）**折中决策法**就是在悲观和乐观中折取中间值，既不过于冒险，也不过于保守。

3.2.2　理论体系

以建筑类专业为例。

1. 建筑业发展现状

在国家一系列组合政策持续作用下，去库存、去产能、降成本成效不断显现，经济结构进一步调整优化，新动能加快成长，国民经济保持了稳中有质的发展态势。建筑业致力于转变发展方式、调整产业结构，大力推进供给侧结构性改革，在困境中求变革、在变革中求发展、在发展中求突破，全力打造行业快速发展的“新引擎”。

2. 建筑类的大学生创业领域

基于建筑业的现状及发展趋势，对建筑类大学生创业类型作如下总结。

1）建筑专业创业类型选择

（1）在建筑智能化方面创业。

智能建筑是指利用系统集成方法，将计算机技术、通信技术、控制技术、多媒体技术和现代建筑艺术有机结合，通过对设备的自动监控、对信息资源的管理、对使用者的信息服务及对建筑环境的优化组合，所获得的投资合理，适合信息技术需要并且具有安全、高效、舒适、便利和灵活特点的现代化建筑物。

智能建筑起源于20世纪80年代初期的美国，智能建筑是建筑史上一个重要的里程碑。1984年1月美国康涅狄格州的哈特福德市建立起世界第一幢智能大厦，大厦配有语音通信、文字处理、电子邮件、市场行情信息、科学计算和情报资料检索等服务，实现自动化综合管理，大楼内的空调、电梯、供水、防盗、防火及供配电系统等都可以通过计算机系统进行有效的控制。

智能化建筑常见系统组成：①消防报警系统；②闭路监控系统；③停车场管理系统；④楼宇自控系统；⑤背景音乐及紧急广播系统；⑥综合布线系统；⑦有线电视及卫星接收系统；⑧计算机网络、宽带接入及增值服务；⑨无线转发系统及无线对讲系统；⑩音视频系统；⑪水电气三表抄送系统；⑫物业管理系统；⑬大屏幕显示系统；⑭机房装修工程。

随着智能建筑领域应用场景的不断拓展和功能需求的持续升级，控制模块的标准化研发与迭代更新将成为行业发展的长期需求。本项目通过建立模块化研发体系，既能快速实现新增被控对象的标准化控制方案开发，又能持续优化现有控制模块性能。这种研发模式不仅能够及时响应市场需求，实现技术成果的快速产品化转化，更能推动部分核心控制模块上升为国家或行业标准，从而形成“研发—应用—标准制定”的良性循环，为项目提供持续的核心竞争力和市场生命力。

（2）在绿色节能化方面创业。

所谓绿色建筑的“绿色”，并不是指一般意义的立体绿化、屋顶花园，而是一种概念或象征，是指建筑对环境无害，能充分利用环境自然资源，并且在不破坏环境的基本生态平衡条件下建造的一种建筑，又可称可持续发展建筑、生态建筑、回归大自然建筑、节能环保建筑等。

绿色建筑的基本内涵可归纳为：减轻建筑对环境的负荷，即节约能源及资源；提供安全、健康、舒适性良好的生活空间；与自然环境亲和，做到人及建筑与环境的和谐共处、持续发展。

绿色建筑应尽量采用天然材料。建筑中采用的木材、竹材、石块、石灰、油漆等，要经过检验处理，以确保对人体无害。绿色建筑还要根据地理条件，设置太阳能采暖、发电及风力发电装置，以充分利用环境提供的天然可再生能源。

随着中国绿色建筑政策的不断出台、标准体系的不断完善、绿色建筑实施的不断深入及国家对绿色建筑财政支持力度的不断加大，中国绿色建筑在未来几年将继续保持迅猛发展态势。因此这类创业项目蕴含较大的创业潜力且可创业范围较广。

（3）在装配式建筑方面创业。

随着现代工业技术的不断发展，建造房屋可以像机器生产那样，成批成套地制造。

装配式建筑具有如下优点。

① 构件可在工厂内进行工业化生产，施工现场可直接安装，方便又快捷，可以显著缩短施工工期。

② 建筑构件机械化程度高，可大幅减少现场施工人员配备。并且，施工现场作业量减少，可在一定程度上减少材料浪费，提高材料的使用效率。

③ 装配式建筑工厂化生产，能最大限度地改善墙体开裂、渗漏等质量通病，并提高住宅整体安全等级、防火性和耐久性。构件之间的连接以现浇节点为主，将预制PC构件的钢筋伸入现浇构件中锚固连接，保证了房屋的整体性，相比装配式大板结构，质量有明显进步。

装配式建筑的主要构件在工厂进行生产，各构件可拆分成标准部件，做到模具定型化。模具的设计、制作将会是一个需求较大的领域，因此装配式建筑施工是适合大学生创业的一个项目。

（4）在设计、生产新型建筑材料领域创业。

新型建筑材料是区别于传统的砖瓦、灰砂石等建材的建筑材料新品种，行业内将新型建筑材料的范围作了明确的界定，即新型建筑材料主要包括新型墙体材料、新型防水密封材料、新型保温隔热材料和装饰装修材料四大类。当今建筑及装饰行业新材料的应用越来越广，新型建筑材料也更加注重节能环保，并在全国范围内形成一个新兴的行业，成为建材行业中重要产品门类和新的经济增长点。

（5）在建筑技术服务方面创业。

建筑产业带动社会各领域的快速发展。除可以创立投资规模较大的建筑公司、监理公司、项目管理公司外，还可以创立诸如建筑技术咨询公司、招标代理公司、建筑机械租赁公司、建筑设计公司、装饰设计公司、装饰装修工程公司等，这些均属于专业性较强的公司。

2）与建筑业相关的创业领域

随着科学技术的发展和物质生活水平的提高，人们对家居生活环境的要求也越来越高。住房和城乡建设部要求根据不同消费者的需求，推动家居数字化、建筑智能化，产品便利化的发展。因此，未来智能家居市场潜力巨大。

3. 大学生创业方式选择

1）复制型创业方式

新创公司中属于复制型创业的比率很高，只是这种形式的创业缺乏创新精神的内涵，但这种公司的优点是容易创业成功，缺点是跟随发展、创意不够、利润不高。

2）模仿型创业

这种形式的创业与复制型创业的不同之处在于“拿来主义”，既借鉴了模仿企业的成功经验，又结合了自身的实际情况进行了优化组合，适应性更强。

3）稳健型创业

这种形式的创业虽然为市场创造了新的价值，但对创业者而言，本身并没有面临太大的改变，做的也是比较熟悉的工作。公司极力夯实创业基石，采取稳扎稳打的方式推进公司业务。

4）冒险性创业

冒险型创业是指一种难度很高，有较高的失败率，但成功所得的报酬也很惊人的创业类型，属于机会型创业中的一种，在这种创业活动中创业者在实现商业机会的同时，追求高利润回报，承担较多的风险。这种类型的创业如果想要获得成功，必须在创业者能力、创业时机、创业精神发挥、创业策略研究拟定、经营模式设计、创业过程管理等各方面，都有很好的搭配。

5）师生一体化创业方式

师生一体化创业模式，即大学生创业时依靠高校雄厚的师资队伍，学校还可以聘请知名企业的技术人员与企业家作为顾问给予实战经验的指导，同时还有专门的导师全程参与指导与监督。当前，高校的产、学、研合作正在向纵深发展，一批生产型实训基地正在迅速开拓。在产学研结合中，企业开始酝酿为学生提供创业平台的构想，探索股权激励方法来留住优秀大学生，将就业和创业有效结合起来。此外，高校的教师在服务社会的过程中，也可以为学生提供实践创业的平台，比如为企业做管理咨询项目、帮助企业技改攻关、参与营销策划等活动。

选择适合自己的创业模式是大学生创业成功的关键。不管是选择哪种创业模式，都得是大学生综合自己各方面的资源特点并结合当时社会发展趋势的结果。实践表明网络领域的技术型创业模式及智力服务型创业模式更加适合大学生创业。因此，大学生只有根据自己的优势找准“落脚点”才能闯出自己的一片新天地。

3.3　任务内容

子项目 1：行业创业方式选择

任务 1：判断所学专业行业发展趋势

实训教具：水性笔（黑色）、Wi-Fi 教学环境、笔记本电脑。

指导教师知识要求：本任务要求指导教师要了解现阶段国家经济发展情况，了解各行各业的发展特点。需要指导教师提前做好相关知识储备。

实训教学形式：分组进行研讨。

任务完成时间：15 分钟。

实训教学过程如下。

（1）布置任务：分发实训教具，讨论分析所学专业行业发展现状及趋势。

（2）分组讨论：学习小组可以利用 Wi-Fi 教学环境上网查询相关资料。由于参加学习的学生来自不同的专业，教师可以指定学习小组查询某一特定的行业发展现状及趋势。

（3）教师巡视：教师巡视各讨论组进展情况，启发学生思维，及时解答学生疑问。教师要督导学生按要求尽快完成讨论内容，杜绝拖延时间。

（4）效果检查：指定小组进行汇报，其余小组进行评分，记为过程性考核成绩。本任务效果检查的重点是学生对社会经济发展的认识程度，同时考查学生分析问题的能力。

（5）教师点评：重点点评学生是否能客观表述社会经济发展状况，以及是否能较系统地分析行业发展现状。

任务2：列举所学专业行业创业类型

实训教具：水性笔（黑色）、Wi-Fi教学环境、笔记本电脑。

实训教学形式：分组进行研讨。

任务完成时间：15分钟。

实训教学过程如下。

（1）布置任务：结合本地实际情况，列举所学专业的创业类型。

（2）分组讨论：各小组可以利用Wi-Fi教学环境上网查询相关资料。

（3）教师巡视：教师巡视各讨论组进展情况，启发学生思维，及时解答学生疑问。教师提醒学生参考本项目的“理论体系”内容、时间节点，杜绝拖延时间。

（4）效果检查：选定特定小组进行汇报，其余团队评分，记为过程性考核成绩。

（5）教师点评：重点点评学生对本行业的熟悉程度，指明大学生依托所学专业可能选择的行业创业类型。

子项目2：所学专业创业方式选择

任务1：研讨所学专业的专业特性

实训教具：教学A4用纸、水性笔（黑色）、Wi-Fi教学环境、笔记本电脑。

实训教学形式：分组进行研讨。

任务完成时间：15分钟。

实训教学过程如下。

（1）布置任务：结合所学专业知识，对所学专业的特性进行认知和总结。

（2）分发实训教具。

（3）分组讨论：各小组可以利用Wi-Fi教学环境上网查询相关资料。

（4）教师巡视：教师巡视各讨论组进展情况，启发学生思维，及时解答学生疑问；教师需要把控讨论时间，不断提醒学生时间节点；教师要督导学生按要求尽快完成讨论内容，杜绝拖延时间。

（5）效果检查：指定小组进行汇报，其余小组进行评分，记为过程性考核成绩。

（6）教师点评：重点点评学生对本专业的熟悉程度，明晰大学生还需要储备哪些专业知识。

任务 2：列举所学专业的专业创业类型

实训教具：教学 A4 用纸、水性笔（黑色）、Wi-Fi 教学环境、笔记本电脑。

实训教学形式：分组进行研讨。

任务完成时间：15 分钟。

实训教学过程如下。

（1）布置任务，结合所学专业的特性，逐一列举所学专业的创业类型。可以参考理论体系内容。

（2）分组讨论：各小组可以利用 Wi-Fi 教学环境上网查询相关资料，围绕本项任务开展学习讨论。

（3）教师巡视：教师巡视各学习小组讨论进展情况，有针对性地解答学生疑问。教师要督导学生按要求尽快完成讨论内容，杜绝拖延时间。

（4）效果检查：指定小组进行汇报，其余小组进行评分，记为过程性考核成绩。提醒学习团队本次讨论内容将为下一个项目提供重要参考。

（5）教师点评：重点点评学生对本专业的熟悉程度，明晰大学生可以选择哪些专业方面的创业类型。

3.4 创业案例选编

案例一：刘璇的高级服装定制店

刘璇，一个和体操冠军同名的女孩，如今已经是一家高级服装定制店的老板。

刘璇大学所学专业是服装设计，毕业后选择自主创业。刘璇的高级服装定制店目标人群是高端商务人群、高级白领、明星艺人等。据刘璇介绍，自己在开办定制店之前主要通过两种方式来了解服装：一是亲戚是服装设计师；二是她本人对服饰搭配、服装元素等有较独到的理解。于是她建立了自己的小工厂，有 20 多位工人专门制作服装。在经营方面，逐步建立起了定制、设计、销售一条龙服务。未来她计划开设

VIP 会员网络服务平台，同时还将举办客户联谊酒会，通过关系营销为自己带来源源不断的客源。

思考分析：

1. 刘璇如何定位高级服装定制店的目标人群？
2. 刘璇的创业事例给你带来哪些启示？

案例二：赵艺君的家政服务公司

赵艺君从职业院校毕业后就去了一家家政服务公司工作。随着家政市场的快速发展，2019 年赵艺君成立了济宁百善家政服务公司。公司主要从事家庭保洁、月嫂服务等项目。随着社会的发展，经营业务又增加了老年护理、病人护理等项目。2023 年，济宁百善家政服务公司经营范围又增加了教育服务项目，赵艺君还计划在不久的将来开展家庭育儿教育服务项目。

由于公司定位准确、创新意识强，赵艺君的济宁百善家政服务公司业务蒸蒸日上。

思考分析：

1. 结合案例，谈一下在创业过程中“创新”的重要性？
2. 赵艺君的创业故事给你带来哪些启示？

3.5 创业明星

朱某川，济宁职业技术学院 2010 级建筑工程技术专业毕业生，在校期间学习成绩优异并一直担任班干部、学生会干部。在校期间，朱某川还接受了学院举办的大学生创业培训，系统学习了创业知识，熟知了创业所需要的企业管理知识、企业财务知识和市场营销知识等。

毕业后朱某川先就职于山东宁建建设集团，由于工作认真负责，专业技术扎实过硬，很快被提拔为项目技术负责人。2015 年，他创办了济宁信诚工程咨询有限公司，公司员工十几人，年营业收入三十余万元。公司凭借扎实的业务能力和良好的信誉，业务量逐年攀升，发展势头良好。

3.6 实训练习

根据对自己所学专业的特性认知，选取适合自身的创业类型、创业方式，进而确定创业项目。

项目四 遴选创业项目

4.1 素质要求

【知识目标】

（1）了解创业项目选择的原则。

（2）熟悉创业项目选择的步骤。

（3）熟悉创业项目市场调研的方法和意义。

（4）掌握创业项目初步评估的方法。

【能力目标】

（1）能够对创意进行梳理，提出可行的创业方案。

（2）能够对创业项目进行初步评估，给出评估结果。

【素养目标】

能够客观分析自己，具备对自身创业能力进行评估的基本素质，并能较科学地规划个人职业生涯或创业生涯。

4.2 理论知识梳理

4.2.1 专业名词

（1）**创业项目**是指创业者为了达到商业目的而具体实施和操作的工作。创业项目分类很广，按照行业可以分为餐饮、服务、零售等门类，按照性质可以分为互联网创业项目和实体创业项目。从更大的范围来说，加盟一个品牌，开一间小店，实际上都算是一个创业项目。

（2）**创业项目选择**就是在调查分析的基础上，科学、合理地遴选创业项目。

（3）**创业资源**是指新创企业在创造价值的过程中需要的特定资产，包括有形资产与无形资产，它是新创企业创立和运营的必要条件，主要表现形式：创业人才、创业资本、创业机会、创业技术和创业管理等。

（4）**创业机会**主要是指具有较强吸引力的、较为持久的有利于创业的商业机会，创业者据此可以为客户提供有价值的产品或服务，并同时使创业者自身获益。创业机会可分为识别型机会、发现型机会、创造型机会 3 种。

（5）**创意**是一种思想、概念或想法，是创造意识或创新意识的简称。创意是具有新颖性和创造性的想法，不同于寻常的解决方法。创意是创业的开端，只有通过创意，才能发现潜在的商机，才能形成有价值的创业项目。

（6）**创业项目评估**是在直接投资活动中，在对投资项目进行可行性研究的基础上，从企业整体的角度对拟投资建设项目的计划、设计、实施方案进行全面的技术经济论证和评价，从而确定投资项目未来发展的前景。项目评估，就是对项目的结构、功能、环境匹配性、可操作性、可持续性进行系统的价值研判的活动。

（7）**市场调研**是市场调查与市场研究的统称，它是个人或组织根据特定的决策问题而系统地设计、搜集、记录、整理、分析及研究市场各类信息资料、报告调研结果的工作过程，是运用科学的方法，有目的、有计划地收集、整理、分 析有关供求、资源的各种情报、信息和资料。

（8）**市场预测**就是运用科学的方法，对影响市场供求变化的诸因素进行调查研究，分析和预见其发展趋势，掌握市场供求变化的规律，为经营决策提供可靠的依据。

（9）**市场定位**是指为使产品在目标消费者心目中相对于竞争对手而言占据有利位置而进行的自我塑造。例如，可将商品划分为高档商品、中档商品、物美价廉商品等。

（10）**市场占有率**是指企业某一产品（或品类）的销售量（或销售额）在市场同类产品（或品类）中所占的比重。它又可分为相对市场占有率和绝对市场占有率。通常来说市场占有率越高，产品竞争力越强。

（11）**低成本战略（成本领先战略）**是指企业以低单位成本为用户提供低价格的产品，以低价格促进产品市场销售，提升产品市场竞争力。这是一种先发制人的战略，它要求企业有持续的资本投入和融资能力，生产技能在该行业处于领先地位。

（12）**差异化战略**是指企业借助技术、资源、市场等优势条件在行业内独树一帜，做到“人无我有、人有我优”的竞争态势。它既可以是先发制人的战略，也可以是后发制人的战略。

（13）**集中战略**是指把经营战略的重点放在一个特定的目标市场上，为特定的地区或特定的购买者集体提供特殊的产品或服务。

（14）**红海战略**是指在现有的市场空间中竞争，在价格上进行竞争或者在推销中作降价竞争，主要精力放在打败竞争对手上。在红海战略中，产业边界是明晰和确定的，竞争规则是已知的，竞争是红海战略永恒的主题。公司的目标就是努力维持和扩大现有客户群，不断提升市场占有率。

（15）**蓝海战略**是相对红海战略而言的。所谓蓝海战略是通过创新和价值创造来规避竞争，并开创全新的市场空间。

4.2.2 理论体系

1. 市场调查理论

1）市场调查的作用

（1）通过市场调查，了解行业总体的供求情况，据以调整、确定新创企业的发展方向。

（2）通过市场调查，企业可以进行准确的市场定位并按照消费者的需要组织生产和销售，做到适销对路。

（3）通过市场调查，可以发现市场机会并促使企业技术创新、开发新产品。

2）市场调查的内容

市场调查的内容，总的来说可以分为以下4个方面。

（1）市场需求调查，即调查同类产品在过去几年中的销售情况，现在市场的需求量及其影响因素，特别要重点进行消费者购买力调查、购买动机调查和潜在需求调查。

（2）竞争者情况调查，包括竞争对手的基本情况，竞争对手的竞争能力、经营战略、新产品与新技术开发情况和售后服务情况，还要注意潜在竞争对手的情况。

（3）潜在竞争者情况调查，即调查了解潜在竞争者的发展规划、经营决策、财务状况等信息，预测潜在竞争者进入同行业的可能性。

（4）政策法规情况调查，即政府政策的变化、法律、法规的实施，都对企业有重大影响，如税收政策、银行信用情况、能源交通情况、行业的限制等，是市场调查不可缺少的一个环节。

3）市场调查的方法

常见的市场调查方法有：二手资料分析法、访问法、观察法和实验法等。

（1）二手资料分析法是通过查询并研究与调研项目有关资料的一种分析方法，这些资料是经他人收集、整理的，有些是已经发表过的。二手资料的来源可以分为内部资料来源和外部资料来源两大类。该法特点是相对简便、成本低、耗时少。

（2）访问法是通过调查员与调查对象接触，收集有关资料的调查方法。该法包括问卷调查、入户面谈访问、留置问卷调查访问、电话调查访问、互联网调查访问等形式。

（3）观察法就是工作分析人员在不影响被观察人员正常工作的前提下，通过观察，将有关工作的内容、方法、程序、设备、工作环境等信息记录下来，最后将取得的信息归纳整理为适合使用的结果的过程。

（4）实验法是通过小规模的实验来了解企业产品对社会需求的适应情况，以测试各种经营手段效果的市场调查方法。

2. 创业机会识别

创业项目选择的关键是识别创业机会，大多数创业者都是把握了商业机会从而创业成功，创业机会一般存在于不完全竞争下的市场空隙、规模经济下的市场空隙、地方集群下的市场空隙、新技术变革下的潜在需求等领域。创业机会的识别通常有以下方法。

1）通过系统分析发现机会

大学生通过实践锻炼，了解、熟知关联行业的发展现状、市场竞争情况、消费趋势变化。从企业的宏观环境（政治、法律、技术、人口等）和微观环境（顾客、竞争者、供应商等）的变化中发现机会。

2）通过问题分析和顾客建议发现机会

（1）学会问题分析。从一开始就要找出个人或组织的需求和他们面临的问题，这些需求和问题可能很明确，也可能很含蓄。一个有效并有回报的解决方案对创业者来说是识别创业机会的基础。这个分析需要全面了解顾客的需求，以及可能用来满足这些需求的手段。

（2）从顾客那里征求想法。一个新的机会可能会由顾客识别出来，因为他们知道自己究竟需要什么，顾客就会为创业者提供机会。顾客建议多种多样，有时，他们会提出一些诸如“如果那样的话不是会很棒吗”这样的非正式建议，留意这些有助于发现创业机会。

3）通过创新技术获得机会

这种方法在新技术行业中最为常见，它可能始于满足的市场需求，从而积极探索相应的新技术和新知识；也可能始于一项新技术发明，进而积极探索新技术的商业价值。

4）在聊天中获得机会

聊天的本质是交换个人信息。在聊天过程中，要注意互相启发，获取创业信息源。

创业活动是创业者与创业机会的结合，并非所有的创业机会都有足够大的价值潜力来填补为把握机会所付出的成本，也并非所有机会都适合每个人。因此，有时尽管发现了创业机会，但这也并不意味着要创业，更不意味着成功就在眼前。

3. 创业机会评估

1）创业机会评估的原则

（1）市场需求：判断创业项目是否满足市场需求是评估创业机会的首要原则。创业者应该了解目标市场的规模、增长趋势、竞争格局和消费者行为等因素，以确定该项目是否具有足够大的市场潜力。

（2）可行性研究：进行一项可行性研究是评估创业机会的基础。通过收集和分析相关的市场数据、技术指标、法律政策等信息，创业者能够更好地了解项目的可行性和风险。

（3）个人优势：在评估创业机会时，创业者应该考虑自身的技能、经验和资源等优势。创业者选择一个自己熟悉的领域或行业，可以更好地发挥自己的优势，提高项目的成功率。

（4）持续竞争优势：评估创业机会时，创业者应该考虑项目是否具有持续竞争优势。持续竞争优势包括市场份额、品牌认知度、技术壁垒、供应链等优势，可以帮助项目在市场上长期存在，并与竞争对手保持竞争力。

（5）可行性评估：进行一项可行性评估是评估创业机会的重要步骤。通过进行市场调研、制定商业计划、进行财务分析等方法，创业者可以对项目的盈利能力、资金需求、风险等进行评估，以确定项目的可行性。

（6）创新性：创新是评估创业机会的一个重要因素。创业者应该评估项目的创新性和独特性，以确定该项目是否具有差异化优势，并是否能够满足市场的不同需求。

（7）可持续性：评估创业机会时，创业者应该考虑项目的可持续性。创业项目应该能够在长期内维持盈利，并对环境、社会和经济等方面产生积极影响，以确保项目的长期发展和成功。

（8）风险评估：评估创业机会时，创业者应该充分考虑项目的风险。通过进行风险分析和风险管理，创业者可以识别和评估项目的潜在风险，并制定相应的风险应对策略，以减少和控制项目的风险。

（9）可扩展性：评估创业机会时，创业者应该考虑项目的可扩展性。创业者应该了解项目的增长潜力、扩张模式和市场规模等因素，以确定项目是否能够在未来进行拓展和扩张。

2）创业项目初步评估的内容

（1）市场方面评估内容。

① 明确市场定位。一个好的创业机会，必然具有特定市场定位，专注于满足顾

客需求，同时能为顾客带来增值的效果。因此评估创业机会的时候，可由市场定位是否明确、对顾客需求的分析是否清晰、接触顾客通道是否流畅、产品是否可持续衍生等，来判断创业机会可能创造的市场价值。

② 确定市场竞争战略。针对创业机会的市场结构进行六项分析，包括进入障碍、供货商、顾客、经销商的谈判力量、替代性竞争产品的威胁和市场内部竞争的激烈程度来确定市场竞争战略。由市场结构分析可以得知新企业未来在市场中的地位，以及可能遭遇竞争对手反击的程度。

③ 估算市场规模。市场规模大小与成长速度，也是影响新企业成败的重要因素。一般而言，市场规模大，进入门槛相对较低，市场竞争激烈程度也不太高。

④ 预测市场占有率。从创业初期预测的市场占有率，可以显示这家新企业未来的市场竞争力。一般而言，成为市场的领导者，至少要有 20% 的市场占有率。如果市场占有率不足 5%，则这个新企业的市场竞争力不高，可能会影响未来企业上市的价值。尤其具有赢家通吃特点的高科技产业，新企业必须拥有成为市场占有率前几名的潜力，才有投资价值。

⑤ 明晰产品的成本结构。产品的成本结构，也可以反映新企业的前景是否可观。例如，从物料与人工成本所占比重之高低、变动成本与固定成本的比重，以及经济规模产量大小，可以判断新企业创造附加价值的能力以及未来潜在的获利空间。

（2）效益方面的评估内容。

① 评估新企业的盈利点及盈利能力。一般而言，新企业的盈利能力是企业能否生存发展的根本因素，企业税后净利在 15% 以上才算合格。

② 评估达到盈亏平衡点所需的时间。合理的盈亏平衡时间应该在两年以内，但如果三年还达不到，恐怕就不是一个值得投入的创业机会。但因行业不同，盈亏平衡点所用时间也有差异。如生产加工型创业达到盈亏平衡点的时间就较长。

③ 预测投资回报率。考虑到创业可能面临的各项风险，合理的投资回报率应该在 25% 以上。一般而言，投资回报率在 15% 以下的，是不值得考虑的创业机会。

④ 估算资本需求量。资金需求量较低的创业机会，即“短平快项目”，投资者一般会比较欢迎。事实上，许多个案显示，资金额过高其实并不利于创业成功，有时还会带来稀释投资回报率的负面效果。

⑤ 评估资本市场活力。当新企业处于一个具有高度活力的资本市场时，它的获利回收机会相对也比较高。不过资本市场的变化幅度极大，在资本市场高点时，投入资金成本较低，筹资相对容易。但在资本市场低点时，投资新企业开发的诱因较

低，好的创业机会也相对较少。不过，对投资者而言，资本市场低点的成本较低，有的时候反而投资回报会更高。一般而言，新创企业处在活跃的资本市场比较容易创造增值效果，因此资本市场活力也是一项可以被用来评估创业机会的外部环境指标。

⑥ 确定退出机制与策略。投资的核心目标是实现收益回收，因此，退出机制与策略的制定显得尤为重要。新创业机会的评估中，这一环节不容忽视。

创业项目初步评价的内容只能是一些总体的、方向性的问题。表 4-1 是一般的创业项目评价表。

表 4-1　一般的创业项目评价表

评价方面	具体评价问题
创业项目与外部环境	是否与现行国家政策、地方性法规、行业监管要求及国际惯例相一致？
	业务模式是否符合当前消费习惯？或是可以引导新的消费潮流？
	是否会得到相关的政策优惠或政府扶持？
	是否行业竞争小，新创企业门槛较低？
	是否拥有专利或具有某种独占性？
	行业前景如何，是否属于朝阳产业？
创业项目与创业者	创业项目是否适合创业者的知识水平、职业经历和个人特性？
	创业者是否足以承受失败的风险（主要是经济角度）？
	是否已经具备结构合理的创业团队？
创业项目自身	市场需求是否明确？是否稳定？是否持久？
	是否有足够的市场容量？市场容量的成长性如何？
	是否有强大的（包括潜在的）竞争者？是否具有竞争优势？
	市场进入时机是否合适？
	预计达到盈亏平衡的时间是否在 2 年或 2 年以下？
	投资回报率是否在 25%以上？
	项目对资金的要求是否很高，能否获得融资？
致命缺陷	是否存在任何致命缺陷？
退出机制	是否存在现有的或有可预料的退出方式？

4. 创业项目选择

1）创业项目选择的步骤

创业项目的选择一般需要项目初选、市场调研、初步评估、确定立项这几个步骤，如图 4-1 所示。

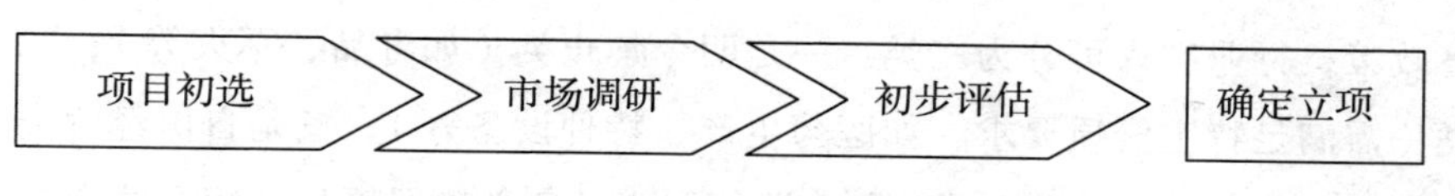

图 4-1 创业项目选择的步骤

2）创业项目选择的原则

创业项目的选择是影响创业成败的核心因素之一。科学的项目选择需建立在对市场的全面分析基础上。大学生创业者在项目筛选过程中，应重点遵循以下原则。

（1）知己知彼原则。大学生创业项目的选择本质上是构建个人与社会的价值连接点。这一战略性决策需要投入充分的时间精力进行系统调研和科学论证，遵循"知己知彼"的基本原则。"知己"要求创业者客观评估自身的核心竞争力、专业特长、兴趣方向、知识储备、性格特质及资源禀赋；"知彼"则需要对经济社会发展趋势、市场潜在需求及行业持久价值进行准确研判。基于此，建议创业者优先在自身专业领域或熟悉行业中寻找创业机会。

（2）自有资源优先原则。所谓自有资源，就是创业者本人拥有的或自己可以直接控制的资源，包括专有技术、行业从业经验、经营管理能力、个人社会关系、资金及物质资源等。相对于其他非自有资源，自有资源的取得和使用成本往往较低，同时这些资源在利用过程中也容易使项目获得标新立异优势，从而在今后的市场竞争中占据主动地位。

（3）差异化竞争原则（即"人无我有、人有我优"原则）是创业项目选择的核心准则。项目特色构成企业的核心竞争力，主要体现在三个维度：其一，作为满足市场持久需求的价值载体；其二，作为促进社会价值交换的关键媒介；其三，作为获取市场竞争优势的战略资源。缺乏特色的创业项目将因同质化而丧失生存基础，唯有构建独特的价值主张，方能在市场中建立可持续的竞争优势。

（4）短平快原则。大学生创业者在创业之初普遍面临缺乏资金、客户等资源的情况，为了尽快度过创业的"初始危险期"，使项目的运作进入良性循环，在同等条件下，应优先考虑那些"短平快"项目，如商业、技术服务业、招投标代理业务等项目。这样，一方面可以迅速收回投资，降低投资风险；另一方面，即便项目后期成长性不好，创业者也可以选择维持经营或后期主动退出。不建议首次创业即选择投资规模过大的行业。

（5）项目合法化原则。创业项目必须严格遵循国家法律法规的准入规定。根据现行监管政策，行业准入可分为三类：一是明令禁止类（如毒品、军火等）；二是限制准入类（需满足特定资质要求，如医药生产、特种设备等）；三是自由经营类（普通民用商品，需依法纳税合规经营）。大学生创业者务必确保项目全程合法合规，任何逾越法律红线的创业行为都将面临重大经营风险。

5. 创业企业常见的问题分析

1）资金问题

许多人在创业之初并没有考虑到流动资金的重要性，在没有足够的流动资金的前提下就贸然创业，在遇到市场萎靡或经营困难时，无法坚守，只好关门退市。如果创业者在创业时没有充足的流动资金可供企业维持半年以上的运营，最好不要轻易去创业。

特别建议：创业时尽量少花钱，能不买的物品尽量不买。

2）创业者个人特质问题

创业者个人特质问题主要包括：创业者个人领导力不足、决策力较差、协调沟通能力欠缺、缺乏公司规划、缺少理财能力、团队精神较差等。

3）团队建设问题

组建创业团队首先应当注意团队中人员的“异质性”，也就是说团队成员应该各具特色、各有所长。比如有人擅长技术攻关，有人擅长战略决策，而有的人应对突发事件的能力较强等。团队成员的性格、年龄、知识、阅历等要搭配适当，成员之间要形成很好的互补关系。另外，团队的组织结构要具有层次性。团队中不仅要有决策者，还要有执行者。没有决策者，创业就难以进行。只有决策者而没有执行者，创业就如同空中楼阁，同样无法实现创业目标。

4）公司管理问题

很多创业者缺少管理经验，无法建立一套合理、具有弹性与有效率的制度。如用人不当，造成不必要的内耗；如财务制度有漏洞，让员工有损公肥私的机会；再比如不重视安全生产，造成重大的人员伤亡事故等。

5）市场营销问题

营销策略不清晰，营销制度不健全、营销队伍不稳定等都属于市场营销问题，严重影响新创企业的生存和发展。

4.3 任务内容

子项目1：寻找创业项目

任务1：运用头脑风暴法，进行创意训练

实训教具：无。

实训教学形式：分组教学。

任务完成时间：15分钟。

实训教学过程如下。

（1）布置任务：采用头脑风暴法，进行大胆创意，提出与本行业、本专业相关的创业方向。如果个别专业较难选择创业项目，也可以对普适项目的创业方向进行头脑风暴。

（2）分组讨论：各学习小组可利用Wi-Fi教学环境查询较成功的创意产品。

（3）教师巡视：指导教师提醒学生回忆头脑风暴法的应用原则及注意事项，提醒学生创意的新颖性，启发学生多重联想，鼓励学生完善团队创意。

（4）效果检查：指导教师指定创业团队汇报。由创业团队代表进行创意汇报及说明获得创意的过程，其余团队评分，记为过程性考核成绩。

（5）教师点评：一是着重点评创业团队的合作精神，根据巡视发现的问题，表扬积极参与的同学，对参与度不高的同学提出批评；二是点评创意本身的新颖性和可行性，提出改进创意的方向。

任务2：大学生创业机会评估

实训教具：无。

实训教学形式：分组教学。

任务完成时间：20分钟。

实训教学过程如下。

（1）布置任务：评估“任务1”的创业方向，重点分析创意的可行性。完善创意内容，形成“创业项目”。

（2）分组讨论：各学习小组可以利用Wi-Fi教学环境，围绕创意内容，查询关联的创意产品，围绕创意产品查询行业发展的基本资料。

（3）教师巡视：教师指导学生如何将创意转变为“创业项目”，可以鼓励学生尝试一切“不可能”的事情。

（4）效果检查：指导教师指定创业团队汇报，由创业团队代表进行“创业项目”汇报，其余团队评分，记为过程性考核成绩。

（5）教师点评：点评创业团队的合作精神，点评“创业项目”本身的可行性，提出完善“创业项目”的内容。

附：决策表（列举三个创意，见表 4–2）

表 4–2 决策表

创意方案	潜在优势	潜在劣势	方案的可能结果

子项目 2：创业企业构思

任务 1：创业项目市场调研报告的编写

实训教具：教学 A4 用纸、水性笔（黑色）、Wi-Fi 教学环境。

实训教学形式：分组教学。

任务完成时间：20 分钟。

实训教学过程如下。

（1）布置任务：对“子项目 1”中的“任务 2”所形成的创意项目进行市场调研报告的编写，突出调研目的。

（2）分组讨论：各学习小组可以利用 Wi-Fi 教学环境了解市场调查的方式方法，了解市场调查表的设计技巧，了解市场调研报告的编写格式和编写技巧。

（3）分发教具。

（4）教师巡视：重点观察创业团队任务分配情况，关注学生查询信息的速度及准确度。

（5）实训检查：选定特定小组，由创业团队代表进行汇报，其余团队评分，记为过程性考核成绩。

（6）教师点评：重点点评创业团队任务分配情况，点评学生查询信息的速度及准确度，建议学生提高自我学习的能力。

任务 2：创业项目评估

实训教具：教学 A4 用纸、水性笔（黑色）、6 份创业项目评价表。

实训教学形式：分组教学。

任务完成时间：15 分钟。

实训教学过程如下。

（1）布置任务：对照创业项目评价表，运用创业项目初步评估的方法对每组选择的创业项目进行初步评估，给出评估结果，并最终确定创业项目。

（2）分组讨论：创业团队成员分成各个学习小组，每名创业团队成员承担一项具体的评估内容。

（3）分发教具：每队一份创业项目评价表。

（4）教师巡视：观察创业团队任务分配情况，关注学生查询信息的速度及准确度，对照上一次的学习过程，重点关注学生的学习习惯是否改变。及时发现学生存在的问题并进行指导。

（5）实训检查：选定特定小组，由创业团队代表进行汇报，其余团队评分，记为过程性考核成绩。

（6）教师点评：重点点评创业团队学习习惯的变化情况，表扬学习习惯有改进的创业团队，提醒学习习惯没有太多改进的团队。

4.4 创业案例选编

案例一：潘英娟的特种蔬菜种植园

潘英娟毕业后在一家服装企业上班。2019 年潘英娟得知芦荟可用于药品、食品、美容和净化空气，就辞职开始进行包括芦荟在内的特种植物种植。2022 年她又瞄准了休闲农业。

刚开始由于不了解市场行情，潘英娟多次被骗：她花高价购买芦荟原种亏了 1 万元，错过时节销售芦荟亏损了 2 万元，种植仙人掌又亏损了 15 万元，台风袭击将大棚刮倒亏损了 10 多万元，等。一次次亏损没有改变潘英娟逆境而行的决心。通过了解市场信息，潘英娟掌握了一整套栽培技术，并努力转变经营管理方式，从 2021 年开始，市场行情形势大为好转，特别是芦荟的销售供不应求。2022 年种植芦笋 12 亩、芦荟

38 亩、反季西瓜 50 亩、杭椒 20 亩、冬季蔬菜 80 亩，年收入达到 60 万元，潘英娟终于体会到了成功的喜悦。

思考分析：

1. 你认为潘英娟创业成功的因素有哪些？
2. 潘英娟的创业故事对你有什么启发？

案例二：米勒酿酒公司经营之道

美国烟草巨头菲力普·莫里斯公司凭借“万宝路”“摩尔”等全球知名香烟品牌建立了庞大的商业帝国。1970 年，该公司实施多元化战略，收购了当时经营困难的米勒酿酒公司，随后对后者进行了全面的销售体系重组和渠道优化。

首先，通过精准的市场细分，公司打造了多维度产品矩阵：一方面研发符合大众市场的标准款啤酒，另一方面针对细分人群的特殊需求，将“高生”啤酒原有 350 毫升包装优化为 200 毫升装。这一创新举措有效解决了女性和老年消费者“一次喝不完”的痛点，显著提升了客户满意度。

其次，公司抓住消费者的心理，进行营销。现在的人们越来越注重健康、注重身材，会有喝啤酒长啤酒肚的观念。为此，公司推出一款名为“模特”的低热量啤酒。这款啤酒投放市场后，很受消费者欢迎，产品行销全美，被称为“20 世纪最受欢迎的啤酒”。

最后，公司利用各种广告媒介大规模宣传产品。一系列生动活泼的广告，紧紧抓住了消费者，起到了很好的促销作用。

通过实施新的营销策略，经过五年时间，米勒酿酒公司的市场占有率由原来的 4% 提高到 21%，令同行刮目相看。

思考分析：

从理论上阐述米勒酿酒公司的成功经验。

4.5 创业明星

解某，28 岁，济宁职业技术学院 2011 届建筑装饰工程技术专业毕业，于 2014 年创办了济宁海巍装饰有限公司，年收入达百万元。

解某毕业后在济宁轻舟装饰公司实习，后来独立创办了济宁海巍装饰有限公司，经营高端家装设计、各类工装，承接各大单位工装，项目包含派出所升级改造、旧城改造、水利系统办公楼改造、物业公司装修设计、酒店设计施工等。现在经营范围涉及电商、餐饮等多元化领域，该公司在济宁的这块土地上正努力实现自己的价值。

4.6 实训练习

1．结合你自己的个人经历和日常观察，提出一个你认为可行的微型创业项目并对其进行简单的初步评价。

2．针对即将创业的项目，开展一次市场调查活动。

项目五

模拟注册创业公司

5.1 素质要求

【知识目标】

（1）了解公司的分类与性质。

（2）掌握注册公司应具备的条件与工作流程。

【能力目标】

（1）具备给一家公司起名字、确定公司经营范围的能力。

（2）熟悉注册公司的流程，办理证照及财务、税务的要求。

【素养目标】

（1）熟悉开办公司应具备的条件。

（2）具备成功注册一家公司的能力。

5.2 理论知识梳理

5.2.1 专业名词

（1）**企业法人**是指具有符合国家法律规定的资金数额、企业名称、章程、组织机构、住所等法定条件，能够独立承担民事责任，经主管机关（工商部门）核准登记取得法人资格的社会经济组织，例如有限责任公司即是企业法人。企业法人就像自然人一样依法独立享有民事权利和承担民事义务，具有民事权利能力和民事行为能力，比如纳税、消费、投资、发起或接受诉讼、参加社会活动等。

（2）**公司**是指一般依法设立的，有独立的法人财产，并以营利为目的的企业法人。我国法定公司有两种形式：有限责任公司和股份有限公司，两类公司均为法人，投资者可受到有限责任保护。

（3）**有限责任公司（简称有限公司）**是指由50个以下的股东出资设立，每个股东以其所认缴的出资额对公司承担有限责任，公司以其全部资产对公司债务承担全部责任的经济组织。有限责任公司包括国有独资公司以及其他有限责任公司。

（4）**股份有限公司**是指公司资本为股份所组成的公司，股东以其认购的股份为限对公司承担责任。由于所有股份有限公司均须是负担有限责任的有限公司（但并非所有有限公司都是股份公司），所以一般合称“股份有限公司”。

（5）**个人独资公司**是指依照《中华人民共和国个人独资企业法》在中国境内设立的，由一个自然人投资，财产为投资人个人所有，投资人以其个人财产对企业债务承担无限责任的经营实体。

（6）**国有独资公司**是国家授权投资机构或者国家授权的部门单独投资设立的有限责任公司。

（7）**注册资本**也叫法定资本，是公司制企业章程规定的全体股东或发起人认缴的出资额或认购的股本总额，并在公司登记机关依法登记。

（8）**注册资金**是指股份合作企业的股东实际缴付的出资数额；是国家授予企业法人经营管理的财产或者自有财产的数额体现。注册资金是企业实有资产的总和；注册资金依据实有资金的增减而增减，即当企业实缴资金比注册资金增加或减少 20% 以上时，要进行变更登记。注册资金就是企业全部财产的货币表现，是企业从事生产经营活动的物质基础，是登记主管机关核定经营范围和方式的主要依据。

（9）**开户银行**是在票据清算过程中付款人或收款人开有户头的银行。根据持票人向银行提交票据的方式不同，票据清算分为顺汇清算和委托收款清算两种。顺汇清算的资金清算方式中，付款人开户银行（付款行）直接将款项划入收款人开户银行（收款行）。委托收款清算的资金清算方式中，则由收款人委托其开户银行向付款行收取票据款项。

（10）**商圈**是指在一定经济区域内，以商场或商业区为中心向周围扩展形成辐射，对顾客形成吸引力的一定范围或区域。无论大商场还是小商店，它们的销售总是有一定的地理范围。这个地理范围就是以商场为中心，向四周辐射至可能来店购买的消费者所居住的地点，俗称为“商圈”。

5.2.2　理论体系

1. 公司的分类

（1）按照企业财产组织方式划分，可分为独资企业、合伙企业、公司企业。

（2）按照企业组织形式划分，可分为公司企业和非公司企业。公司企业又分为有限责任公司和股份有限公司，有限责任公司包括独资公司；股份有限公司又分为上市公司和非上市公司。非公司企业包括全民所有制企业（国有企业）、城镇集体所有制企业、乡村集体所有制企业、私营或民营企业等。

（3）按照企业在社会再生产过程中职能划分，可分为工业企业、商业企业、建筑企业、金融企业等。

2. 现行公司注册资本的相关规定

注册资本实行认缴制，0 元就能注册公司，理论上 1 元就能开公司了，且无须办理验资手续。

温馨提示：注册资本的大小应该结合行业特点和自身情况而定，切勿太小或太大。

3. 关于公司注册地址的规定

《中华人民共和国公司法》（以下简称公司法）规定，依法设立的公司，由工商登记机关发给公司营业执照。公司营业执照签发日期为公司成立日期。公司营业执照应当载明公司的名称、住所、注册资本、实收资本、经营范围、法定代表人姓名等事项。

1）公司注册地址需要考量的因素

公司注册地址，即公司住所，是《公司法》规定的公司主要办事机构所在地。选择公司注册地址要考虑商业运营成本及房屋租金，公司经营过程中发生的物流成本，公司注册地的税收优惠政策、财政扶持政策及其他可能享有的优惠政策，公司员工的便利性及适应性，公司注册地的限制性因素如交通方便程度、水电暖供应、环境污染等。

2）常用的公司注册地址

（1）写字楼：一般写字楼是可以直接注册的，在注册过程中需要提供产权证明的复印件加盖产权单位公章，经营场所页加盖产权单位公章，租赁人和业主或者物业签署的租赁协议原件。这种地址不需要特殊的程序。

（2）商业用房：区分房屋用途是否为商业用途，主要是看房屋产权证中房屋规划用途性质，属于商业用途的或者办公用途的直接就可以使用。

（3）临街房：沿街建造的商业用房，店铺面积较小、交通方便，适合从事服务业、商业零售业、咨询公司等。

（4）居民楼：居民楼又称民宅，就是供人们居住的地方。公司开办注册地址可以使用住宅楼，但需满足一定条件。根据《中华人民共和国民法典》第二百七十九条，业主不得违反法律、法规以及管理规约，将住宅改变为经营性用房。因此，若要将住宅楼作为公司注册地址，需遵守相关法律法规，并经过有利害关系的业主一致同意。

3）异地经营的合规性风险

从法律合规性角度，企业的注册地必须与实际经营地保持一致。若公司长期在异地开展业务，但未在当地设立分支机构或办理备案，可能面临工商监管、税务稽查、合同诉讼等风险。因此，设立分支机构是最稳妥的合规方案。

4. 关于注册公司费用的规定

注册一个公司的费用由政府行政收费、银行开户费用、刻章等费用构成，若委托代理公司办理注册登记，还需要支付代理注册公司费用。

1）前期公司注册费用

（1）核名。

（2）办理工商营业执照、组织机构代码证和税务登记证（三证合一）。

（3）刻章费。

2）公司注册后期费用

（1）银行开户。

（2）会计费用。

（3）法人一证通。

温馨提醒：公司注册后要进行税务申报及年审。如果不做，公司的证件也就作废了。

3）公司注册代理费用

注册代理费：与代理公司约定。

5. 注册公司的程序

1）注册公司的流程

第一步，要办理公司名称注册查询，取得企业（字号）名称预先核准通知书；

第二步，提交工商登记材料，办理营业执照；

第三步，刻制公司公章、财务专用章、法定代表人印章；

第四步，办理组织机构代码证；

第五步，办理税务登记证。

2）注册公司的步骤

第一步，给公司起一个合适的名字。

申办人应提前准备好公司名称3～5个，公司名称要符合规范，例如，济宁市（地区名）+某某（企业名）+贸易（行业名）+有限公司（类型）。

然后到市场监督管理局去领取一张“企业（字号）名称预先核准申请表”，填写已准备好的公司名称后，提交给市场监督管理局，由市场监督管理局上网（市场监督管理局内部网）检索是否有重名，如果没有重名，就可以使用这个名称，市场监督管理局就会核发一张“企业（字号）名称预先核准通知书”。

第二步，准备注册公司申请登记所需材料。

第三步，办理营业执照。

办理营业执照阶段一般需要三步：首先，提交网审材料；其次，网审通过后再打印纸质材料提交到市场监督管理局，市场监督管理局受理后审核；最后，审核通过后公司就会被通知领取营业执照。

第四步，刻制公司印章。

注册公司需要刻制的印章：企业公章、企业财务章、企业法定代表人个人印鉴、企业合同章、企业发票专用章。

第五步，到税务登记领取发票。

企业开办流程图如图 5-1 所示。

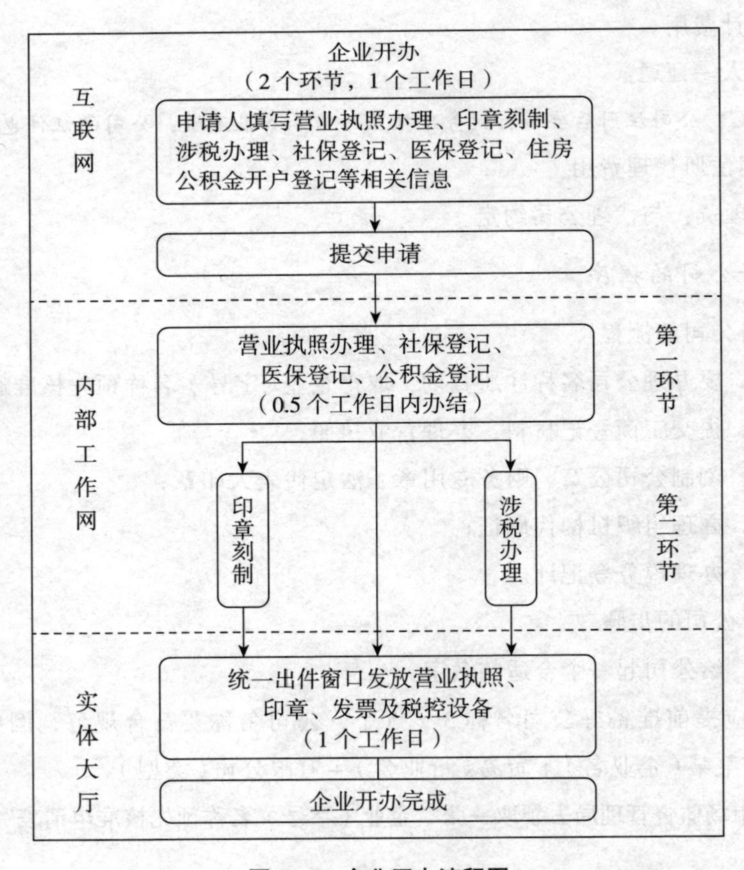

图 5-1 企业开办流程图

6. 注册公司需要填写的基本表格

表 5-1 为公司登记（备案）申请书模板。

表 5-1 公司登记（备案）申请书模板

<table>
<tr><td colspan="4">□基本信息</td></tr>
<tr><td>名 称</td><td colspan="3"></td></tr>
<tr><td>名称预先核准文号或注册号</td><td colspan="3"></td></tr>
<tr><td>住 所</td><td colspan="3">______省（市/自治区）______市（地区/盟/自治州）______县（自治县/旗/自治旗/市/区）______乡（民族乡/镇/街道）______村（路/社区）______号</td></tr>
<tr><td>联系电话</td><td></td><td>邮政编码</td><td></td></tr>
<tr><td colspan="4">□设立</td></tr>
<tr><td>法定代表人姓名</td><td></td><td>职务</td><td>□董事长
□执行董事
□经理</td></tr>
<tr><td>注册资本</td><td>万元</td><td>公司类型</td><td></td></tr>
<tr><td>设立方式（股份公司填写）</td><td colspan="3">□发起设立 □募集设立</td></tr>
<tr><td>经营范围</td><td colspan="3"></td></tr>
<tr><td>经营期限</td><td>□ 年 □长期</td><td>申请执照副本数量</td><td>个</td></tr>
<tr><td rowspan="4">股东（发起人）</td><td>名称或姓名</td><td>证照号码</td><td>备注</td></tr>
<tr><td></td><td></td><td></td></tr>
<tr><td></td><td></td><td></td></tr>
<tr><td></td><td></td><td></td></tr>
<tr><td colspan="4">□变更</td></tr>
<tr><td>变更项目</td><td>原登记内容</td><td colspan="2">拟变更内容</td></tr>
<tr><td></td><td></td><td colspan="2"></td></tr>
<tr><td></td><td></td><td colspan="2"></td></tr>
<tr><td colspan="4">□备案</td></tr>
<tr><td rowspan="2">增设分公司</td><td>名称</td><td>注册号</td><td></td></tr>
<tr><td>登记机关</td><td>登记日期</td><td></td></tr>
<tr><td rowspan="2">清算组</td><td>成员</td><td colspan="2"></td></tr>
<tr><td>负责人</td><td>联系电话</td><td></td></tr>
<tr><td>其他</td><td colspan="3">□董事 □监事 □经理 □章程 □章程修正案</td></tr>
<tr><td colspan="4">□申请人声明
本公司依照《中华人民共和国公司法》《中华人民共和国市场主体登记管理条例》相关规定申请登记、备案，提交材料真实有效。
法定代表人签字： 公司盖章
（清算组负责人）签字： 年 月 日</td></tr>
</table>

注：请仔细阅读本申请书填写说明，并按要求填写。

法定代表人信息

姓　名		联系电话	
身份证件类型		身份证件号码	

（身份证件复印件粘贴处）

法定代表人签字:　　　　　　　　　　　　　　　　　　年　　月　　日

公司登记（备案）申请书填写说明。

（以下“说明”供填写申请书参照使用，不需向登记机关提供。）

（1）本申请书适用于有限责任公司、股份有限公司向公司登记机关申请设立、变更登记及有关事项备案。

（2）向登记机关提交的申请书只填写与本次申请有关的栏目。

（3）申请公司设立登记，填写“基本信息”栏、“设立”栏有关内容及“法定代表人信息”表。“申请人声明”由公司拟任法定代表人签署，“股东（发起人）”栏可加行续写或附页续写。

（4）公司申请变更登记，填写“基本信息”栏及“变更”栏有关内容。“申请人声明”由公司原法定代表人或者拟任法定代表人签署并加盖公司公章。申请变更同时需要备案的，同时填写“备案”栏有关内容。申请公司名称变更，在名称中增加“集团或（集团）”字样的，应当填写集团名称、集团简称（无集团简称的可不填）；申请公司法定代表人变更的，应填写、提交拟任法定代表人信息（附表“法定代表人信息”）；申请股东（发起人）及投资情况变更的，可以参照“设立栏”之“股东（发起人）”格式附表填写原登记及拟变更内容。变更项目可加行续写或附页续写。

（5）公司增设分公司应向原登记机关备案，填写“基本信息”栏及“备案”栏有关内容，“申请人声明”由法定代表人签署并加盖公司公章。“分公司增设”项可加行续写或附页续写。

（6）公司申请章程修订或其他事项备案，填写“基本信息”栏及“备案”栏有关内容，“申请人声明”由公司法定代表人签署并加盖公司公章；申请清算组备案的，“申请人声明”由公司清算组负责人签署。

（7）办理公司设立登记填写名称预先核准通知书文号，不填写注册号。办理变更登记、备案填写公司注册号，不填写名称预先核准通知书文号。

（8）公司类型应当填写“有限责任公司”或“股份有限公司”。其中，国有独资公司应当填写“有限责任公司（国有独资）”；一人有限责任公司应当注明“一人有限责任公司（自然人独资）”或“一人有限责任公司（法人独资）”。

（9）股份有限公司应在“设立方式”栏选择填写“发起设立”或者“募集设立”。有限责任公司无须填写此项。

（10）“经营范围”栏应根据公司章程、参照《国民经济行业分类》国家标准及有关规定填写。

（11）申请人提交的申请书应当使用 A4 型纸。依本表打印生成的，使用黑色钢笔或签字笔签署；手工填写的，使用黑色钢笔或签字笔工整填写、签署。

7. 公司商标注册

（1）工商行政管理机关对企业名称实行分级登记管理。

国家市场监督管理总局主管全国企业名称登记管理工作，并负责核准下列企业名称。

① 冠以“中国”“中华”“全国”“国家”“国际”等字样的。

② 在名称中间使用“中国”“中华”“全国”“国家”等字样的。

③ 不含行政区划的。

地方工商行政管理局负责核准前款规定以外的下列企业名称：冠以同级行政区划的；同级行政区划放在企业名称字号之后组织形式之前的。

国家市场监督管理总局授予外商投资企业核准登记权的工商行政管理局按《外商投资项目核准和备案管理办法》核准外商投资企业名称。

（2）除国务院决定设立的企业外，企业不得冠以“中国”“中华”“全国”“国家”“国际”等字样。在企业名称中间使用“中国”“中华”“全国”“国家”“国际”等字样的，该字样应是行业的限定语。使用外国（地区）出资企业字号的外商独资企业，可以在名称中间使用“（中国）”字样。

（3）企业名称不得含有下列内容的文字。

① 有损于国家、社会公共利益的。

② 可能对公众造成欺骗或者误解的。

③ 外国国家（地区）名称、国际组织名称。

④ 政党名称、党政军机关名称、群众组织名称、社会团体名称及部队番号。

⑤ 外国文字、汉语拼音字母、阿拉伯数字。

⑥ 其他法律、行政法规规定禁止的。

（4）企业名称应当使用符合国家规范的汉字。

（5）企业法人名称中不得含有其他法人的名称，国家市场监督管理总局另有规定的除外。

（6）企业名称中不得含有另一个企业名称。企业分支机构名称应当冠以其所从属企业的名称。

（7）企业营业执照上只准标明一个企业名称。

（8）企业名称有下列情形之一的，不予核准。

① 与同一工商行政管理机关核准或者登记注册的同行业企业名称字号相同，有投资关系的除外。

② 与其他企业变更名称未满一年的原名称相同。

③ 与注销登记或者被吊销营业执照未满三年的企业名称相同。

④ 其他违反法律、行政法规的。

（9）企业名称需译成外文使用的，由企业依据文字翻译原则自行翻译使用，不用报工商行政管理机关核准登记。

8. 新创企业地址选择

企业选址基本原则：一是考虑把一次性成本及运营成本整体降到最低；二是要考虑产品特性，考虑企业所处产品价值链的环节，考虑原材料、燃料动力的供应地点，考虑公司人力资源因素；三是把潜在的风险降到最低；四是把机会放到最大，具体要求是地址处于行业商圈内、租金相对低廉、交通便利、软硬件设施齐全、物业管理完善，适合公司日常运营。

（1）造价咨询、IT公司、教育类公司、招投标代理等服务公司的选址条件。公司的特点是年轻员工人数较多，且经常加班，特别需要交通便利、软硬件设施齐全、停车位充足、物业管理完善的办公场所。

（2）汽车销售、物流公司的选址条件。这种类型的公司对场地面积要求较高，需要较大面积的场所，因此这类公司往往把公司设置在城乡接合部。

（3）律师事务所、会计师事务所、评估公司的选址条件。这类具有行业特性的企业在选择办公场所方面有着独特的需求，往往选址交通便利、软硬件设施齐全、中高档生活区附近的商住楼。

（4）装饰设计公司、酒水商店、鲜花店、蛋糕店的选址条件。这种类型的公司一般将地址选在目标顾客附近，方便与目标顾客沟通交流。

（5）建筑材料销售公司、家具销售公司、餐饮店、服装店的选址条件。这种类型的公司适合“抱团取暖”。同类型企业聚集在一起，形成规模效应，容易吸引顾客。

9. 企业商圈理论

商圈对企业而言，则是其业务活动的空间，在这个空间范围内向消费者提供商品和服务。对消费者而言，则是他们方便的购买行为的空间。

商圈的形态一般包括商业区、商务区、住宅区、文化教学区等。各形态商圈均有其独特的经营特点。

一个设定的商圈，从市场影响力这一角度考察，其构成为点、线、面、流4个方面。点是指商圈的中心点，又指市场区域的中心点，它反映集中化的问题和集聚的程度。线是指区域间相互依存关系以线相联结，使商圈具有一定的吸引力，它反映商圈的吸引性和相互依存性。面是指中心点吸引力的范围，它是市场区域广度，表明市场区域的广泛性及其影响程度，反映区域性或地区性和同质性。流是指市场的动态，或指区域职能的变化和发展的动向，它反映的是活动的态势和职能性。从实际工作而言，商圈由店面、消费者购买行为空间和销售活动空间三者构成。

影响商圈设定的因素主要有：一是人口数量与特征以及其发展趋势；二是购买潜力与已有企业的设置与经营状况；三是区域内经济发展前景与产业多元化的程度；四是区域内交通、运输、服务、金融、信用、保险、物业等状况；五是劳动力市场条件；六是法律、工商行政管理因素；七是风俗文化以及吸引顾客所特有的公共和文化教育设施，如公园、剧院、博物馆、纪念场所、学校、科研机构等。

5.3　任务内容

子项目 1：确定企业的基本信息

任务 1：为新创公司起个好名字

实训教具：教学 A3 用纸、水性笔（黑色）、Wi-Fi 教学环境，笔记本电脑或智能手机。

教学形式：分组教学。

任务完成时间：10 分钟。

实训教学过程如下。

（1）布置任务：为新创公司起个好名字，并将公司的名称及含义书写在 A3 纸上。活动结束后，各学习小组将 A3 纸张贴在教室公告栏，供学生课后评论。

（2）分组讨论：将讨论内容整理成书面文字。

（3）教师巡视：提醒学生“给公司起一个好名字”的意义，提醒学生公司命名的法律禁忌。特别提醒学生实际注册公司时，要提供 3 ～ 5 个公司名称，工商部门根据提供的名称从前向后逐一筛选，直至公司名字符合国家的相关规定。在巡视中要及时启发学生思路，解答学生的疑问。

（4）效果检查：选定某一特定小组，由担任公司总经理岗位的学生进行口头汇报，重点阐述公司名称的由来及含义。其余小组评分，记为过程性考核成绩。

（5）教师点评：指导教师重点点评“公司名称”的科学性及艺术性。

任务 2：施展才艺，确定公司的商标

实训教具：教学 A3 用纸、水性笔（黑色）、Wi-Fi 教学环境，笔记本电脑或智能手机。

教学形式：分组教学。

任务完成时间：15 分钟。

实训教学过程如下。

（1）布置任务：为新创公司设计一个商标，并将公司商标画在 A3 纸上，备注商标的含义。活动结束后，各学习小组将 A3 纸张贴在教室公告栏，供学生课后评论。

（2）分组讨论：创业团队成员分成各个学习小组，按照任务要求完成任务。

（3）教师巡视：提醒学生遵循商标设计的原则设计本企业的商标，提醒学生注册公司商标的法律禁忌。在巡视中要及时启发学生思维，解决学生的疑问。

（4）效果检查：选定某一特定小组，由公司营销经理进行口头汇报，重点阐述商标的设计理念及含义。其余团队评分，记为过程性考核成绩。

（5）教师点评：指导教师重点点评公司商标的艺术性，点评公司商标与公司经营范围的关联性。

子项目 2：选择企业地址

任务 1：为新创公司选地址

实训教具：Wi-Fi 教学环境，笔记本电脑或智能手机。

实训教学形式：分组教学。

任务完成时间：10 分钟。

实训教学过程如下。

（1）布置任务：为新创公司选个好地址，并说明理由。

（2）分组讨论：创业团队成员分成各个学习小组，重点讨论公司地址是否在城市商圈内，在什么商圈内。将讨论内容整理成书面文字并进行汇报。

（3）教师巡视：观察每一个创业团队成员的参与度，注意倾听创业团队的讨论内容，适时帮助学生了解当地商圈类型。指导老师要及时发现问题，帮助学生解答问题。

（4）效果检查：选定某一特定小组，由担任公司总经理岗位的学生进行系统汇报。重点汇报本地城市商圈种类，汇报公司选址的理由。其余团队评分，记为过程性考核成绩。

（5）教师点评：首先对学生所涉及的本地城市商圈种类进行简要综述，点明各商圈的典型特点。其次是教师围绕创业团队的公司选址的理由进行分析、点评。也可以安排其他创业团队成员点评该公司的选址理由。

任务2：借助商圈理论，对新创公司所处商圈进行系统分析

实训教具：Wi-Fi教学环境，笔记本电脑或智能手机。

实训教学形式：分组教学。

任务完成时间：15分钟。

实训教学过程如下。

（1）布置任务：借助商圈理论及指导教师对本地城市商圈的综述，对新创公司所处商圈进行系统分析。

（2）分组讨论：创业团队作为一个学习小组，将讨论内容整理成书面文字进行详细汇报。

（3）教师巡视：注意倾听创业团队对商圈的讨论与任务1有什么不同；观察创业团队是如何完善讨论内容的？在利用信息化教学手段方面有什么变化？即学生在分析问题、解决问题方面有什么变化？

（4）效果检查：选定某一特定小组，由担任公司营销经理岗位的学生进行汇报。重点汇报商圈对公司经营会带来哪些价值。其余团队评分，记为过程性考核成绩。

（5）教师点评：一是围绕“商圈对公司经营会带来哪些价值”进行分析、点评，也可以安排其他创业团队成员点评该公司的选址的理由；二是点评学生经过一段时间的创业能力培训后，在知识素养、能力素养方面有哪些变化。

子项目3：设立新企业

任务1：认知企业设立流程

实训教具：Wi-Fi教学环境，笔记本电脑或智能手机。

实训教学形式：分组教学。

任务完成时间：10分钟。

实训教学过程如下。

（1）布置任务：模拟企业设立流程，注册一个创业企业并说明注意事项。

（2）分组讨论：创业团队共同将讨论内容整理成书面文字。

（3）教师巡视：观察每一个创业团队成员的参与度，注意倾听创业团队的讨论内容，及时发现问题，帮助学生解决问题。

（4）效果检查：选定某一创业团队，由担任公司总经理助理岗位的学生进行汇报。着重汇报如何注册创业公司，注册创业公司的经费预算是多少？其余团队评分，记为过程性考核成绩。

（5）教师点评：指导教师重点点评“注册创业公司的遗漏项目”及“注册创业公司的经费预算的合理性”。

任务 2：模拟注册一家公司

实训教具：Wi-Fi 教学环境、笔记本电脑或智能手机、文具等。

实训教学形式：分组教学。

任务完成时间：10 分钟。

实训教学过程如下。

（1）布置任务：在任务 1 基础上，根据前期的实训成果与确立的公司类型与名称，准备模拟去市场监督管理局注册。

（2）角色扮演：依照“公司注册流程”，对学习团队进行角色分配。依据教室的既有条件，各司其职。其他学生代表所在公司依次进行注册。

（3）分发企业注册用表格。

（4）教师巡视：及时提醒各“工商管理部门”摆放的顺序，提醒学生使用礼貌用语，提醒学生有序进行登记注册，并及时回答学生的问题。

（5）教师点评：点评本次角色扮演活动的意义，点评好的活动环节及需要改进的活动环节。

5.4 创业案例选编

案例一：王玉霞的“极品垃圾”

王玉霞从商学院市场营销专业毕业后，在一家公司做市场营销工作。依靠个人的营销知识，王玉霞设计了一种“极品垃圾”盲盒，即将过季库存商品或少量高档滞销商品装入垃圾袋里，交易时不透露盲盒内容，以较低的价格出售。买家觉得很神秘，往往会有一种新鲜感和刺激感。

后来，王玉霞成立了自己的“极品垃圾”公司，盲盒种类按生活方式分为：乐活、各种宅、文艺范、工作狂、背包客、动漫迷、美剧控、原生态等，每包“极品垃圾”盲盒里装的商品各不相同。在网上销售的“极品垃圾”盲盒有88元、288元、488元等，最大的还有988元的“巨无霸超级垃圾”。充满挑战的购物方式让顾客充满了好奇，从而引发了强烈的购买欲。短短7个月，王玉霞就盈利了20多万元。

思考分析：

1. 王玉霞创业成功的因素有哪些？
2. 结合案例，谈谈本公司是如何激发消费者购买欲望。

案例二：郑恩瑶的“格瑞清洗”

郑恩瑶创办的格瑞公司最初是以清洗家电为主要业务，而现在业务重点是带电清洗，即应用特制的专用清洁剂，在各种精密电设备、电力机械设备等正常运行的情况下对其进行直接清洗。而清洗的目的就是对这些昂贵的设备进行保养，防止其漏电、短路、信号弱并延长其使用寿命等。

一段时间之后，郑恩瑶慢慢将业务和技术领域分开，并增加了中央空调清洗、通信电力设备带电清洗等业务，把单个订单的业务量从千元直接提升到了万元，甚至几十万元。现在格瑞公司的主要客户是事业单位、大型国有企业等。

思考分析：

1. 格瑞公司是如何逐步做大的？
2. 郑恩瑶的创业故事给你哪些启示？

5.5 创业明星

贺某亮，男，济宁职业技术学院2008届建筑工程技术专业毕业生，于2010年创办济宁市永诚装饰工程有限公司，公司员工20余人，年营业额500余万元。经过几年的经营，目前该公司在济宁市建筑装饰市场占有一定的份额，且口碑较好，是一家优质公司。

贺某亮在建筑工程系学习期间就展现了对装饰工程的浓厚兴趣，涉猎广泛，知识面较广，曾担任学生会干部，在学院举办的大学生模拟创业大赛中系统学习了创业知识，掌握了创业所需要的企业管理知识、企业财务知识、市场营销知识等。借助寒暑假的时间，积极主动到济宁市建筑及装饰市场进行调研走访，了解市场行情。他还利用所学的知识在建筑工地进行兼职，对市场运作与公司情况作了充分的了解。

毕业后贺某亮就职于济宁市某建筑集团第一分公司，担任技术员，他工作认真负责，技术扎实过硬，被公司评为优秀员工。他经过几年的打拼手头逐渐有些积蓄，并因对市场等有了充分的了解，心中萌发创业梦想，于是便辞去工作，注册成立了济宁市永诚装饰工程有限公司，主要从事建筑业的装饰装修、建筑工程等业务。在多年不懈努力下，该公司实现了业务量稳步增长、品牌美誉度持续提升、经营效益节节攀升的快速发展局面。

5.6 实训练习

1. 结合自己所学的专业知识及掌握的专业技能，来分析行业特点。

2. 假如你准备进行创业，准备注册成立一家公司，你将准备成立什么类型的公司？如何给它起一个响亮的名字？注册公司需要准备哪些材料？

项目六

创建创业团队

6.1 素质要求

【知识目标】

（1）了解企业资金筹措的基本途径。

（2）熟悉如何选择企业组织形式。

（3）熟悉直线职能制的组织结构。

（4）掌握人才招聘计划的策略。

【能力目标】

（1）激发团队合作意识。

（2）能够运用人才招聘策略，制订公司人才招聘计划。

（3）具有一定的资金筹措能力。

【素养目标】

培养学生团队协作及人际沟通的能力。

6.2 理论知识梳理

6.2.1 专业名词

（1）**组织**是人们为了实现一定的目标，互相结合、指定职位、明确责任、分工合作、协调行动的系统。企业组织结构依据企业所确定的基本目标，对组织内的各种构成因素及其相互关系提出明确要求，并选择与之相适应的群体结构。

（2）**创业团队**是指由少数具有技能互补的创业者组成，为了实现共同的创业目标和建立一个能使他们彼此担负责任的程序而努力的共同体。

（3）**企业文化（也称为组织文化）**是一个企业所共同认同和遵循的价值观、信念和行为方式。一般来说，企业文化可分为 4 个层次：理念层、制度层、行为层与物质层。其中理念层是核心，包括愿景、使命、价值观、精神、企业哲学、经营理念、管理理念等；制度层包括企业各种制度与规范，尤其是人力资源的各项制度，与企业文化密切相关；行为层主要包括高层、中层、基层员工的管理行为，这些行为体现了公司的文化；物质层主要包括企业的VI（视觉识别系统）、办公环境、内刊、宣传栏等一切可见的能够体现公司文化的东西。

（4）**企业组织形式**是指企业财产及其社会化大生产的组织状态，它表明一个企业的财产构成、内部分工协作与外部社会经济联系的方式。

（5）**企业组织结构**的概念有广义和狭义之分。狭义的企业组织结构，是指为了实现组织的目标，在组织理论指导下，经过组织设计形成的组织内部各个部门、各个层次之间固定的排列方式，即组织内部的构成方式。广义的企业组织结构，除了包含狭义的组织结构内容外，还包括组织之间的相互关系类型，如专业化协作、经济联合体、企业集团等。一般情况下，企业组织结构通常是指狭义的组织结构。

（6）**直线职能制**是最简单的集权式组织结构形式，其领导关系按垂直系统建立，不设专门的职能机构，自上而下形同直线。它的特点是企业各级行政单位从上到下实行垂直领导，下属部门只接受一个上级的指令，各级主管负责人对所属单位的一切问题负责。厂部不另设职能机构（可设职能人员协助主管负责人工作），一切管理职能基本上都由行政主管自己执行。

（7）**事业部制**是指以某个产品、地区或顾客为依据，将相关的研究开发、采购、生产、销售等部门结合成一个相对独立单位的组织结构形式。事业部是在企业宏观领导下，拥有完全的经营自主权，实行独立经营、独立核算的部门，既是受公司控制的利润中心，具有利润生产和经营管理的职能，也是产品责任单位或市场责任单位，对产品设计、生产制造及销售活动负有统一领导的职能。该类型组织结构适合集团化企业。

（8）**矩阵组织结构**是指在组织结构上，既有按职能划分的垂直领导系统，又有按产品（项目）划分的横向领导关系的结构。该类型组织结构适合临时项目的组织安排。

（9）**启动资金**是指企业创立之初，需要投入的一定数量的用于开办企业的各项支出的资金。包括购买或租赁办公场所、店面装修、购置设备、公司注册费、原材料采购费及维持日常运营费用等。

（10）**企业筹资**是指企业根据其生产经营、对外投资、调整资金结构和其他需要，通过合理的渠道，采用适当的方式，获取所需资金的一种行为。

（11）**直接投资**是指投资者直接开厂设店从事经营，或者投资购买企业相当数量的股份，从而对该企业具有经营上的控制权的投资方式。

（12）**间接投资**是指投资者以其资本购买公司债券、金融债券或公司股票等各种有价证券，以预期获取一定收益的投资。由于其投资形式主要是购买各种各样的有价证券，因此也被称为证券投资。

（13）**融资租赁**是指由出租方融通资金为承租方提供所需设备，具有融资、融物双重职能的租赁交易，它主要涉及出租方、承租方和供货方，并由两个或两个以上的合同构成。出租方根据承租方的需求和选择，与供货方订立购买合同，与承租方订立租赁合同，将购买的设备出租给承租方使用，租期不得低于两年。在租赁期间，由承租方按合同规定，分期向出租方交付租金，租赁设备所有权属于出租方，承租方在租赁期间对该设备享有使用权。

（14）**共同价值观**是指企业及其员工共同的价值取向、基本信念和经营目标，是企业必须拥有的终极信念。共同价值观是企业全体或多数员工一致赞同的关于企业意义的终极判断；是企业决策者对企业性质、目标、经营方式的取向所作出的选择，是为员工所接受的共同观念。

（15）**激励**就是加强和激发动机，推动并引导行为，使之朝向预定目标的方向。

（16）**激励力**是激励人们去做事情的一种能力，“效价”和“期望值”共同决定激励力的大小，即激励力 = 效价 × 期望值。效价是指个人对达到某种预期成果所带来的满足程度；期望值是指某一具体行动可带来某种预期成果的可能性。

（17）**需求层次理论**由美国心理学家亚伯拉罕·马斯洛提出。马斯洛将人类需求从低到高按层次分为五种，即生理需求、安全需求、社交需求、尊重需求和自我实现需求。马斯洛认为人人都有需求，某层需求获得满足后，高一层需求才出现；当“需求”得到满足时，激励力就迅速下降。

（18）**双因素理论**是美国的行为科学家赫茨伯格提出的。赫茨伯格认为人受到保健因素和激励因素的影响，保健因素是保障性条件，没有满足保健因素，员工就会出现不满、怠工和对抗等现象；激励因素是刺激性条件，有激励因素，就能激发工作热情。

（19）**公平理论**是美国行为科学家亚当斯提出的。亚当斯认为人的工作积极性不仅与个人实际报酬多少有关，而且与人们对报酬的分配是否感到公平相关。人们总会自觉或不自觉地将自己付出的劳动代价及其所得到的报酬与他人进行比较，并对公平与否做出判断。公平感直接影响职工的工作动机和工作热情。

6.2.2 理论体系

1. 企业的组织结构理论

企业的组织管理是围绕组织设计展开的内容。组织设计就是怎样定机构，怎样定职能；设定好组织机构后，再进行人事安排。传统的组织结构包括直线制组织结构、职能制组织结构和直线职能制组织结构，现代组织结构包括事业部制、矩阵式和虚拟式等组织结构。由于直线制组织结构及职能制组织结构存在明显的功能缺陷，不建议新创企业采取这类组织结构。现代组织结构适用于企业规模较大、产品组合较多、管理极其复杂的集团化企业，也不适合新创企业。故推荐新创企业采取直线职能制组织结构。图 6–1 为直线职能制组织结构框架图。

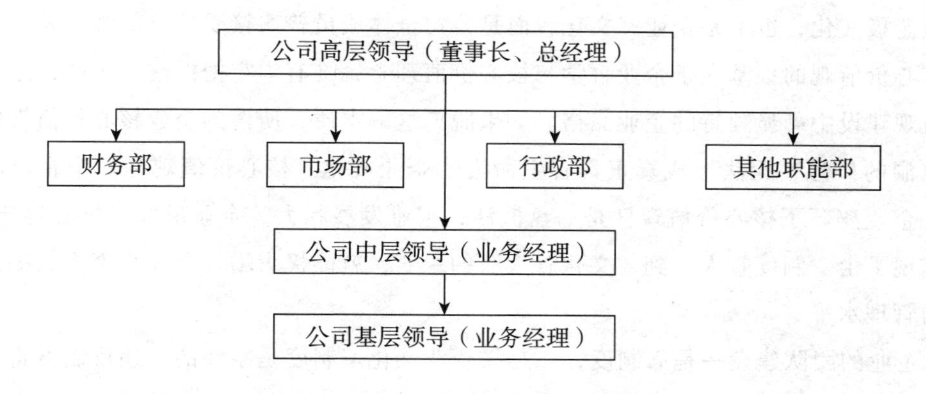

图 6–1　直线职能制组织结构框架图

直线职能制组织结构是在直线制组织结构及职能制组织结构的基础上发展起来的，借鉴了直线制组织结构及职能制组织结构的优点，形成了适合中小企业发展的组织结构。直线职能制以直线制为基础，在各级行政领导下，设置相应的职能部门，即在直线制组织统一指挥的原则下，增加了参谋机构。

直线职能制是根据业务活动的相似性来设立管理部门的。行政、市场以及财务被认为是企业的基本职能，为了使生产营销能顺利进行，还需要设置一些辅助性职能部门，如技术研发、后勤管理等。

直线职能制组织结构的优点是：一是把直线制组织结构和职能制组织结构的优点结合起来，既能保持统一指挥，又能发挥参谋人员的作用；二是分工精细，责任清楚，各部门仅对自己应做的工作负责，效率较高；三是组织稳定性较高，在外部环境变化不大的情况下，易于发挥组织的集团效率。

直线职能制组织结构的缺点是：一是各职能部门自成体系，不重视信息的横向沟通，工作易重复，造成效率不高；二是若授权职能部门权力过大，容易干扰直线指挥命令系统；三是职能部门缺乏弹性，对环境变化反应迟钝；四是难以从组织内部培养熟悉公司全面情况的管理人才。

2. 企业核心价值观理论

企业价值观是企业中占主导地位的管理理念，能够规范企业领导者及员工的行为，使企业员工很容易在具体问题上达成共识，从而大大节省企业运营成本，提高企业的经营效率。企业价值观对企业和员工行为的导向和规范作用，不是通过制度、规章等硬性管理手段实现的，而是通过群体氛围和共同意识引导来实现的。

要弄清企业核心价值观的实质，必须了解以下两个概念。其一，企业核心价值观不是老板文化，也不是企业家文化，而是公司全体成员普遍接受的价值观。其二，企业核心价值观的根基在于企业哲学与核心价值理念，唯有牢牢把握这一核心，才能在价值观建设中彰显独特的企业品格。如果脱离这一本质，所谓的企业核心价值观便沦为空洞的口号，无法形成真正具有生命力的企业文化。核心价值观是一个企业的灵魂。企业离开了核心价值观就是一盘散沙，很难发展壮大。企业形成了核心价值观，就实现了由“制度管人”到“文化管人”的蜕变，就能极大增强企业凝聚力，提高企业的管理水平。

企业的团队建设一是靠制度，二是靠企业文化。制度是刚性的，违反制度将受到纪律处分。企业文化是柔性的，其外在的表现形式是企业风气，也就是企业的“正能量”。企业文化的核心就是传播企业核心价值观。不认同企业核心价值观的人，与不认同企业使命的人一样，不适宜留在该企业。

1）如何发挥企业核心价值观的凝聚作用

（1）以企业领导人的言传身教来树立统一的价值观。员工的企业价值观并非天生，需要企业的灌输与宣传，经过不断地潜移默化后，员工才能逐渐接受并内化为企业价值观。在这个过程中，需要企业领导人的倡导与宣传，以深化对价值观的认识。

（2）健全配套机制，企业价值观渗透到企业日常经营管理过程中的每一个环节。

（3）塑造企业精神，包括一个企业所应有的企业传统、时代意识、基本信念、价值观、理念。成功的企业都拥有自己的企业精神。

（4）多种形式，广泛传播。要把核心价值观纳入企业员工教育、干部素质教育体系的必修课。要通过组织座谈、辅导、征文、问答、知识竞赛、演讲等形式，帮助员工理解和认同企业核心价值观。要从大家最关心、最困惑的问题入手，有的放矢地释疑解惑，澄清在核心价值观问题上的模糊认识。要因地制宜地利用网站、报纸、视频会议、标语、板报、宣传栏等方式大力宣传企业核心价值观，使员工时刻处于浓厚的氛围之中，牢记企业核心价值观。

2）优秀企业的核心价值观

我国优秀企业的核心价值观不能与社会主义核心价值观相抵触。

部分企业的核心价值观如下。

华为核心价值观：以人为本、尊重个性、集体奋斗、视人才为公司最大财富而不迁就人才；在独立自主基础上开放合作和创造性地发展世界领先的核心技术体系，崇尚创新精神和敬业精神；爱祖国、爱人民、爱事业和爱生活，绝不让“雷锋”吃亏；在客户、员工与合作者之间结成利益共同体。

联想核心价值观：成就客户——致力于客户的满意与成功；创业创新——追求速度和效率，专注于对客户和公司有影响的创新；精准求实——基于事实的决策与业务管理；诚信正直——建立信任与负责任的人际关系。

TCL核心价值观：为顾客创造价值、为员工创造机会、为社会创造效益。

李宁核心价值观：我们以体育激发人们突破的渴望和力量。

3）优秀企业核心价值观要素

（1）“客户第一”理念是核心价值观第一要素，也是基本思想。

（2）体现团队合作理念，即“共享共担，平凡人做不平凡事”。

（3）体现“创新”理念，即“接受变化，勇于创新”。

（4）体现“诚信”理念，诚信既是社会主义核心价值观的重要内容，又是企业的立足之本。

（5）体现“敬业”理念，敬业是社会主义核心价值观的重要内容之一，同时又体现企业员工的工作态度和职业素养。

（6）体现“激情创业”理念，即“乐观向上，永不放弃”。

3. 企业人力资源管理理论

人力资源是指能够推动整个经济和社会发展的具有智力劳动和体力劳动能力的人的总和。人力资源管理是指根据组织发展战略的要求，有计划地对人力资源进行合理配置，通过对组织中人员的招聘、培训、使用、考核、激励、调整等一系列活动，调动员工的积极性，发挥员工的潜能，为组织创造价值，确保组织战略目标的实现。人力资源工作职责主要包括组织人力资源战略的制定、员工招募与选拔、员工培训与开发、员工关系管理、员工安全与健康管理等，即组织运用现代管理方法，对人力资源的获取（选人）、开发（育人）、保持（留人）和利用（用人）等方面所进行的计划、组织、指挥、控制和协调等一系列活动，最终达到实现组织发展目标的一种管理行为。

1）企业人力资源管理的具体职能

（1）人力资源规划。根据企业发展战略及经营计划，在评估组织的人力资源现状、掌握和分析大量人力资源相关信息和资料的基础上，科学合理地制定人力资源规划。

（2）招聘与选拔。在面试评估时除关注应聘者与职位是否匹配外，更要特别关注应聘人的价值观念是否符合企业的核心价值观、应聘人的发展期望公司是否可以满足等因素，确保招聘的人选能长期为企业服务。

（3）培训与开发。根据企业战略发展需要，结合员工的个人发展计划，提供系统完善的人力资源培训开发体系，在确保为企业源源不断输送所需各类人才的同时，实现企业发展与员工发展双赢。

（4）绩效管理。根据企业战略需要，结合员工能力制定全面的绩效管理体系，关注企业全面的绩效管理，包括绩效计划、绩效考核、绩效评估、绩效反馈与绩效激励等过程；更加关注绩效反馈与绩效激励，在确保员工绩效不断提高的同时，实现企业绩效的螺旋式上升。

（5）薪酬管理。根据国家政策、经济环境、人才市场状况、行业及其他企业薪酬状况等因素，再结合本企业的实际情况制定切实可行的薪酬管理战略与体系，确保薪酬政策既能吸引优秀人才加盟，又能留住核心人才；更加注重人力资源投入成本与产出效益的核算与分析，从而不断地完善企业的薪酬管理体系。

2）招聘计划

招聘计划的主要内容包括招聘人数、招聘岗位、招聘条件、招聘策略及注意事项等内容。对于新创立企业来说，要特别注意招聘策略及注意事项。

（1）招聘策略。成立招聘工作小组并确定其权责划分。招聘工作小组成员一般包括人力资源部工作人员、用人部门负责人及企业中高层领导等，小组成员在招聘活动中的职责视招聘对象不同而略有不同。

特别提醒：制定时间策略时应考虑劳动力市场上的人才规律及每年大学毕业生就业时间点，要有针对性制定招聘时间。宜采取就近原则确定招聘地点、组织招聘“双选会”。

（2）注意事项。一是某些用人部门为了本部门的利益，有意虚报或者企图隐瞒真实的用人需求数量，从而不利于招聘数量的最终确定。二是要根据本招聘职位的历史筛选数据预测最初需要的应聘人数。三是企业可以考虑其他一些既不用对外招聘又可以满足人力资源需求的方法。

4. 企业激励理论

激励就是组织及其个人通过设计适当的奖酬形式和工作环境，以及一定的行为规范和惩罚性措施，借助信息沟通，来激发、引导、保持和规范组织及其个人的行为，以有效地实现组织及其个人目标。通常而言，一切内心要争取的条件，如欲望、需求、希望、动力等都构成人的激励。激励机制是指组织系统中，激励主体通过激励因素或激励手段与激励客体之间相互作用的关系的总和，也就是指企业激励内在关系结构、运行方式和发展演变规律的总和。

企业的激励机制包含两个要素：第一，发现员工需求，然后将满足需求作为员工完成工作的报酬；第二，确定员工的能力能否完成这项工作。

总的来看，现在的激励理论包括两种形式，即满足内容理论和过程理论，又大致可以分为5大类：需要理论、强化理论、期望理论、公平理论和目标设置理论。

有关激励的原则和激励的方式主要涉及以下内容。

1）激励的原则

（1）可持续性原则。若使员工持久地处于积极状态中，就需要遵守激励的可持续性原则。如果开始时对员工有很大的激励力度，但是经过一段时间后，管理者不去落实，员工逐渐失望，进而会失去积极性。有些管理者认为激励力度越大效果越好，所以就加大激励力度。虽然这在一定时间会调动员工积极性，但是过一段时间后员工的目标要求会更高，期望也会更高，如果不提高激励力度，他们就不会保持原有的积极性，这样会造成恶性循环，无法保证激励的可持续性。

（2）公开性原则。激励的目的就是激发员工的工作热情，就是要引导员工效仿榜样，因此，奖励对象必须公开、有说服力。

（3）公正、公平性原则。在日常工作中，员工之间常常会把自己在工作中所付出的成本与自己所得到的报酬同别的员工进行比较，关注自己所得到的报酬是不是合理，是不是公平。

（4）赏罚并举。赏与罚需要同时存在，工作做得好应给予肯定鼓励，反之则应进行惩罚。

2）激励方式

（1）物质激励法。物质奖励是使人们努力工作的最重要的激励手段，企业要想调动员工的工作积极性，主要的方法还是物质奖励。

（2）目标激励法。目标是一种刺激，是满足人的需要的外在物，是希望通过努力而达到的成就和结果。目标激励法是制订切实可行的目标激励人们奋发工作，不断取得进步。

（3）荣誉激励法。从人的动机看，人人都具有自我肯定、争取荣誉的需求。对于一些工作表现比较突出、具有代表性的先进人物，给予必要的精神奖励，是很好的荣誉激励方法。对于企业的各类人才来说，不仅要有物质激励，还要有合理的精神激励，因为这可以体现人对于精神满足的需要。在荣誉激励中还要注重对集体的鼓励，以培养员工的集体荣誉感和团队精神。

（4）授权激励法。通过对员工进行有效授权，让员工有发挥的舞台，就是有效的激励。

（5）榜样激励法。榜样的力量是无穷的，榜样是员工奋斗的目标，企业要善于树立榜样。

（6）情感激励法。情感是影响人的行为最为直接的因素之一，任何人都有渴求各种情绪的需求。按照心理学上的解释，人的情感可以分为利他主义情感、好胜情感、享受主义情感等类型。这就需要企业的经营者在满足员工物质需求的同时，还要去关心员工的精神生活和心理健康，提高员工的情绪控制能力和心理调节力。当员工遇到事业上的挫折、感情上的波折、家庭上的矛盾等问题时及时给予帮助，企业营造出一种相互信任、相互关心、相互体谅、相互支持、互敬互爱、团结融洽的良好氛围，就能切实培养员工的生活能力和合作精神，增强员工对企业的归属感。

（7）信任激励法。领导之间、上下级之间、下级之间的互相理解和信任是一种强大的精神力量。它有助于企业中人与人之间的和谐共处，有助于形成企业团队精神和凝聚力。在企业内部，信任是加速人的自信力爆发的催化剂。

（8）参与激励法。在管理过程中，通过使组织成员参与管理行为，增加他们对组织的关注，进而把组织目标变成个人的追求，变成组织成员乐于接受的任务，使个人在实现组织目标的过程中获得成就感。

（9）知识激励法。随着知识更新速度的不断加快，企业的大多数员工存在着知识结构不合理和知识老化现象，这就需要企业对他们进行各种培训和继续教育。企业员工接受系统的职业能力培训，提高个人的文化素质与技术水平，有利于激发员工的工作热情。

（10）赞美激励法。管理者要善于发现员工的优点，然后发自内心赞美，这也是一种有效的激励手段。

5. 编制启动资金需求计划

开办企业时必须有必要的投资和支付各种必要的费用，这些费用的总和就是启动资金。比如支付场地（土地和建筑）、办公家具、机器、设备、原材料、商品库存、营业执照及许可证办证费、开业前广告及促消费、工资、水电费、电话费等各项费用。启动资金需求计划表见表 6-1。

表 6-1　启动资金需求计划表

类别 / 项目		金额 / 元	备注
固定资产购置合计			
开办费	工商注册、税务登记费		
	市场调查费、差旅费、咨询费		
	培训费、资料费		
	各种许可证审批费用		
	购买无形资产费用		
	支付连锁加盟费用		
	其他费用		
	合计		
流动资金	生产成本 / 采购成本		
	场地租金		
	职工薪酬		
	办公用品		
	水、电、交通差旅费		
	其他费用		
	合计		
启动资金总计			

1）启动资金测算方法

启动资金测算方法主要分以下 3 步：

第一步，先把需要购买的东西分成类，一般可分为固定资产购置、开办费和流动资金 3 类，把每一类具体列表；

第二步，再测算每一类中每个物品的具体价格、每项工作的具体花费；

第三步，汇总求和。

2）测算启动资金需求量遵循的基本原则

（1）要意识到流动资金周转不灵，会导致破产。

（2）必须核准流动资金持续投入期，即在没取得销售收入以前需投入多长时间的流动资金。

（3）必须将流动资金需求量降至最低。依据必须、必要、合理、最低的原则，该支出的必须支出，不该支出的就不要支出。

（4）必须保持一定量的流动资金储备以备不时之需。

6. 企业筹资的基本途径

资金是企业经济活动的持续推动力。企业能否获得稳定的资金来源与及时、足额筹集到生产要素组合所需要的资金，对经营和发展都是至关重要的。初创企业发展中遇到的最大障碍是融资困难，所以，筹资是企业资本运作的重要内容。

1）企业筹资的意义

（1）满足正常生产经营活动的需要。

（2）满足经营规模扩大的需要。

（3）满足到期偿债的需要。

2）企业筹资渠道与方式

筹资渠道是指筹集资金来源的方向与通道。筹资方式是企业筹集资本所采取的具体形式和工具，体现了资本的属性和期限。它与筹资渠道有联系但也有所不同。筹资渠道是企业筹集资本来源的方向与通道，体现了资本的源泉和流量。一般而言，一定的筹资方式可能适用于某一特定的筹资渠道或几种不同的筹资渠道，而同一筹资渠道的资本也可以通过不同的筹资方式获得。目前，常见的企业筹资方式有7种：吸收直接投资、发行股票、留存收益、发行债券、银行借款、商业信用和租赁。

特别提醒：在大学生创业方面，筹资渠道较窄，一般是通过亲朋好友投资入股、亲朋好友借款、自有资金、银行抵押贷款等途径。

3）各类企业筹资方式的特点

（1）吸收直接投资（也称投入资本筹资）。吸收直接投资是非股份制企业筹集股权资本的基本方式。吸收投资共分为三类：一是吸收国家投资；二是吸收法人投资；三是吸收社会公众投资。初创企业一般是吸收法人投资或社会公众投资，也就是众筹。出资方式包括货币资金出资、以实物出资、以工业产权出资、以土地使用权出资等形式。

（2）发行股票。以发行股票的方式进行筹资即股权筹资，是企业经济运营活动中一个非常重要的筹资手段。股票作为持有人对企业拥有相应权利的一种股权凭证，一方面代表着股东对企业净资产的要求权；另一方面，普通股股东凭借其所拥有的股份以及被授权行使权利的股份总额，有权行使其相应的、对企业生产经营管理及其决策进行控制或参与的权利。对于初创企业来说，一般不具备发行股票的筹资条件。

（3）留存收益。留存收益是公司在经营过程中所创造的，由于公司经营发展的需要或法定的原因等，没有分配给所有者而留存在公司的盈利。留存收益是企业从历年实现的利润中提取或留存于企业的内部积累，它来源于企业的生产经营活动所实现的净利润，包括企业的盈余公积金和未分配利润两个部分，其中盈余公积金是有特定用途的累积盈余，未分配利润是没有特定用途的累积盈余。初创企业经营时间较短，留存收益较少。

（4）发行债券。债券是经济主体为筹集资金而发行的，约定在一定期限内向债权人还本付息的有价证券。在我国，非公司制企业发行的债券称为企业债券，股份有限公司和有限责任公司发行的债券称为公司债券。对于初创企业来说，一般不能采取债券筹资这种方式。

（5）银行借款。相对于其他筹资方式来说，银行借款的资金成本较低、筹资速度较快、借款弹性相对灵活且不需要公开企业的财务信息。但是，银行作为一种特殊的经营机构，出于资本保全和降低风险的需要，往往对风险大的企业或项目不愿贷款，或提出一些附加的限制性条件，例如财产抵押。这就造成银行借款的保护性条款与限制条款太多，对企业的约束和限制也较多，增加了企业借款的财务与经营风险。

（6）商业信用。商业信用是指工商企业之间相互提供的、与商品交易相联系的信用形式，这种筹资方式基于工商企业之间的互相信任。它包括企业之间的赊销、分期付款等形式提供的信用，以及在商品交易的基础上以预付现金或者延期付款等形式提供的信用。它可以直接用商品提供，也可以用货币提供，但是信贷主体必须发生真实的商品或服务交易，是现代信用制度的基础。

（7）租赁。租赁分为经营租赁和融资租赁。经营租赁又称业务租赁，是为了满足经营使用上的临时或季节性需要而发生的资产租赁。经营租赁是一种短期租赁形式，它是指出租人不仅要向承租人提供设备的使用权，还要向承租人提供设备的保养、保险、维修和其他专门性技术服务的一种租赁形式。融资租赁又称设备租赁或现代租赁，是指实质上转移与资产所有权有关的绝大部分或全部风险和报酬的租赁。资产的所有权最终可以转移，也可以不转移。

6.3 任务内容

子项目 1：创建公司组织结构

任务 1：确定本公司的组织结构，并明确岗位职责

实训教具：教学 A3 用纸、水性笔（黑色）、夹子、Wi-Fi 教学环境、笔记本电脑或智能手机。

实训教学形式：分组教学。

任务完成时间：15 分钟。

实训教学过程如下。

（1）布置任务：搜寻公司组织结构的类型，了解不同公司组织结构的特点和适用范围。根据公司业务需要，确定本企业的组织结构。

（2）分组讨论：各学习小组可以利用网络资源查询相关资料。

（3）分发教具。

（4）教师巡视：指导教师通过巡视，了解学生查询资料的能力。在巡视中，倾听各团队讨论的内容，及时发现问题，引导学生自主解决问题。

（5）效果检查：选定特定团队，由担任人力资源部长岗位的学生进行汇报，重点汇报确定公司组织结构的原因、各岗位职责及工作人员安排情况。记为过程性考核成绩。

（6）教师点评：指导教师重点点评学生的表达能力，点评原因分析是否准确，岗位设置是否合理，岗位职责是否明晰。

任务 2：组织现场辩论赛

实训教具：教学 A3 用纸、水性笔（黑色）、夹子、Wi-Fi 教学环境，笔记本电脑或智能手机。

实训教学形式：从任一公司团队成员中指定辩手，参与辩论活动。

任务完成时间：15 分钟。

实训教学过程如下。

（1）布置任务：开展辩论赛，辩论赛的题目是“物质激励成效是否大于精神激励成效”。（指导教师也可以自拟题目）

（2）从任一公司团队成员中指定两组辩手作为辩论赛的正方及反方，建议每组辩手由 3 ～ 4 人组成。从其余团队中选出 5 位学生作为评判员。再指定 1 位学生作为辩论赛主席组织辩论。允许利用网络资源查询相关资料。

（3）分发教具。

（4）教师巡视：巡视正方及反方学生的工作分工及参与度，了解双方辩论的突破点。提醒其他学生参与到辩论活动中，可以指定某些学生作为点评嘉宾，点评辩论情况。

（5）效果检查：进行辩论，评判员评分，嘉宾点评。结果记为过程性考核成绩。

（6）教师点评：教师重点点评辩手的仪态、仪表及表达，点评辩论双方的突破点是否恰当，对点评嘉宾的点评内容进行再分析点评。

子项目 2：组建公司团队

任务 1：确定公司核心价值观

实训教具：教学 A3 用纸、水性笔（黑色）、夹子、Wi-Fi 教学环境。

实训教学形式：分组教学。

任务完成时间：10 分钟。

实训教学过程如下。

（1）布置任务：根据制定公司核心价值观的原则，确定所创公司的核心价值观。

（2）分组讨论：允许上网查询相关资料。

（3）分发教具。

（4）教师巡视：本次任务比较简单，指导教师应及时提醒学生尽可能凝练公司核心价值观，并及时解答学生的疑问。建议学生再次学习本项目的理论体系内容。

（5）效果检查：选定汇报创业团队，由公司总经理进行汇报。重点是对本公司核心价值观的解读。其余团队评分，记为过程性考核成绩。

（6）教师点评：教师要点评该公司核心价值观是否符合社会主义核心价值观，是否与公司文化相辅相成，是否还有完善的空间。

任务 2：制订人才招聘计划

指导教师准备资料：某一公司的实际招聘广告（招聘简章）。

实训教具：教学 A3 用纸、水性笔（黑色）、夹子。

实训教学形式：分组进行学习讨论。

任务完成时间：10 分钟。

实训教学过程如下。

（1）布置任务：运用人才招聘相关理论，制定一份公司人才招聘广告（或设计一份本公司人才招聘简章）。

（2）分组进行讨论：学习小组可以集体讨论，也可以利用网络教学环境查询相关资料。

（3）分发教具。

（4）教师巡视：不断提醒学生完善招聘广告（招聘简章）的内容。

（5）效果检查：选定汇报创业团队，由公司人力资源部长进行汇报。重点汇报招聘简章的基本要素，及其亮点部分。其余团队评分，记为过程性考核成绩。

（6）教师点评：教师展示某一公司的实际招聘简章，通过比较的方式，点评公司招聘简章优缺点。

子项目 3：筹集公司资金

任务 1：认知公司筹资途径

实训教具：无。

实训教学形式：分组进行学习讨论。

任务完成时间：15 分钟。

实训教学过程如下。

（1）布置任务：结合本公司的实际情况，选择合适的筹资途径筹措启动资金，并说明理由。

（2）分组讨论：各学习小组可以利用网络资源查询相关资料。

（3）教师巡视：提醒各类公司筹资途径的优点及局限性。

（4）效果检查：选定汇报创业团队，由担任公司财务经理岗位的学生进行汇报。具体汇报本公司采取的筹资途径及计划筹资额度。其余团队评分，记为过程性考核成绩。

（5）教师点评：教师对公司筹资途径的可行性进行点评。

任务 2：编制启动资金需求表

实训教具：教学 A3 用纸、水性笔（黑色）、夹子、企业启动资金需求表。

实训教学形式：分组进行学习讨论。

任务完成时间：20 分钟。

实训教学过程如下。

（1）布置任务：按要求编制本公司启动资金需求表。

（2）分组讨论：各学习小组可以利用网络资源查询相关资料。

（3）分发教具及公司启动资金需求表。

（4）教师巡视：对于非经济管理类学生来说，对这部分知识疑问较多。指导教师应按照公司启动资金需求表的项目类别不断解读各类指标含义，帮助学生理解各类专业经济名词。

（5）效果检查：选定汇报创业团队，由公司财务经理进行汇报。说明公司各项启动资金额度是如何确定的。其余团队评分，记为过程性考核成绩。

（6）教师点评：指导教师围绕“公司各项启动资金额度是否合理”进行点评，然后再点评某些学生的学习表现。

6.4 创业案例选编

案例一：郑一彤的致富之路

郑一彤从某医科大学毕业后，分配到一家医院工作。几年后，辞职回乡创业，带动当地乡亲走上了致富之路。

郑一彤在医院的中药房里面看到有大量的菊花、半夏、金银花等中药材，想到如果在家乡荒芜的土地上种中药材的话，那么就能逐渐改变家乡贫穷的面貌了。经过努力，郑彤从农户手里流转了 30 多亩土地，开始了中药材种植。但由于当年的阴雨天气，损失了 10 多万元。后来，在父母的支持下，郑一彤的杭白菊终于种植成功，而且第一次就获得了大丰收。随后，她采取了“公司＋协会＋基地＋农户”的产业发展路线，扩展了金银花、川明参、沙参的种植面积，带领当地乡亲走上了致富之路。

思考分析：

1. 郑一彤为什么能带动乡亲走上致富路？
2. 郑一彤的致富之路对你创业有哪些启示？

案例二：闷闷不乐的陈小二

认识陈小二的人都知道他是一位乐天派，好像生活中没有任何烦恼似的，他在工作上也是敬业乐群、努力认真。

总经理最近发现陈小二总是心事重重的样子。总经理找到陈小二，想了解为何如此。陈小二刚开始不愿多谈，在总经理的一再询问下，他终于开口："上个月公司因为我表现不错，升任我做主管，我欣然接受，也感到光荣。但没想到这是噩梦的开始。平时无话不说的伙伴，不知不觉中好像有了距离。以前领导很欣赏我的工作表现，但现在责难却比赞赏来得多，工作压力更是大。过去我做好自己的工作，按时上下班，轻松自在，现在每天要担心有没有人迟到、请假，阿山是不是在浑水摸鱼、新来的阿源会不会操作电脑、年轻的小王会不会说不来就不来了、小丽和男朋友吵架情绪不好怎么办等诸多问题，同时还要随时注意产能与品质。就算下了班回家，满脑子还都是这些事。"总经理这才知道是这些事情导致陈小二闷闷不乐。

思考分析：

陈小二闷闷不乐，如果你是总经理，你会给陈小二哪些建议？

6.5 创业明星

郝小晴是济宁职业技术学院2014届工程造价班学生，于2015年11月在济宁职业技术学院大学生创业基地创办"果真如此"水果休闲吧。主要经营产品有鲜水果、鲜榨果汁、水果拼盘、奶茶等水果休闲食品。由于接受了较系统的创业培训，经营业绩逐年提升，目前，年营业额已达到30万元。经过两年的打拼与经营，该水果休闲吧在济宁取得了良好的口碑。

在校学习期间，郝小晴担任班长、系学生会副主席、秘书部部长，曾获得省政府奖学金。与此同时，她系统学习了创业知识，熟知了创业所需要的企业管理知识、企业财务知识、市场营销知识，并积极参加了"中国创翼"青年创业创新大赛，荣获全国二等奖的好成绩。

6.6 实训练习

结合所学内容，进一步论证公司启动资金需求计划，并完善公司启动资金需求表。

项目七
企业市场环境分析

7.1 素质要求

【知识目标】

（1）了解机会 / 威胁矩阵理论。

（2）熟悉影响企业市场营销的环境因素。

（3）熟悉企业发展战略理论。

（4）掌握 SWOT 理论体系。

【能力目标】

（1）能够运用 SWOT 分析工具，对特定企业进行系统分析营销环境。

（2）能够运用企业愿景理论，制定公司企业愿景。

【素养目标】

能够客观分析市场营销环境，认识经济发展规律，树立正确营销价值观。

7.2 理论知识梳理

7.2.1 专业名词

（1）**SWOT 理论**是 Strength（优势）、Weakness（劣势）、Opportunity（机会）、Threat（威胁）的缩写。SWOT 分析法是将企业内部环境的优势与劣势，外部环境的机会与威胁，同列在一张十字形图表中加以对照，可以从内外部环境条件的相互联系中作出更深入的分析评价。通过对企业外部环境与内部环境的分析，明确企业可利用的机会和可能面临的威胁，并将这些机会和威胁与企业的优势和劣势结合起来，形成不同的企业战略措施。

（2）**市场营销环境**是指与企业营销活动有潜在关系的所有外部力量和相关因素的集合，它也是影响企业生存和发展的各种外部条件的集合。它包括市场营销微观环境和市场营销宏观环境。

（3）**市场营销微观环境**是指对企业服务其顾客的能力构成直接影响的各种力量，包括企业本身及其市场营销中介、市场、竞争者和公众，这些都会影响企业为其目标市场服务的能力。

（4）**市场营销宏观环境**是指对企业造成市场机会和环境威胁的外部因素，主要包括政治环境、经济环境、文化环境、科技环境、法律环境、自然环境等。

（5）**市场细分**就是指企业按照某种标准将市场上的顾客划分成若干个顾客群，每一个顾客群构成一个子市场，不同子市场之间，需求存在着明显的差别。市场细分是选择目标市场的基础工作。可根据各种因素细分市场，如依据年龄因素，可以将消费者分为儿童市场、青年市场、中老年市场；依据性别因素，可以将消费者分为男性市场及女性市场等。

（6）**目标市场选择**就是科学分析每个细分市场的盈利能力及可进入的难易程度，选择进入一个或多个细分市场的过程。

（7）**市场竞争策略**是企业为适应市场竞争环境的不断变化而制定实施的夺取或者保持市场领先地位或竞争优势的策略。其具体竞争策略有市场领导者竞争策略、市场挑战者竞争策略、市场追随者竞争策略、市场拾遗补缺者竞争策略。

（8）**市场领导者竞争策略**是指市场领先者采取扩大市场需求、维持市场份额或提高市场占有率等竞争策略来保持领先地位和既得利益。为保护市场份额，常采取创新发展、筑垒防御、直接反击等策略。

（9）**市场挑战者竞争策略**是指那些在市场上居于次要地位的企业，他们通过挑战与攻击市场领先者或其他竞争对手，来提高自己的市场份额和市场竞争地位，甚至拟取代市场领先者的地位。它们采取的策略有价格竞争、产品竞争、服务竞争、渠道竞争等。

（10）**市场追随者竞争策略**是指那些实力较弱的企业常常选择的一种竞争策略。它们的策略有仿效跟随、差距跟随、选择跟随等。

（11）**市场拾遗补缺者竞争策略**就是新创企业、小微企业盯住大企业忽略的市场空缺，集中资源优势来满足这部分市场的需要。它们的策略有市场专门化、顾客专门化、产品专门化等。

（12）**企业发展战略**是指企业在激烈的市场竞争中，为了求得生存和发展所制定的总体谋略。

（13）**企业愿景**是指企业的长期愿望及未来状况，组织发展的蓝图，体现组织永恒的追求。它体现了企业家的立场和信仰，是企业最高管理者的职业精神和职业操守，是最高管理者对企业未来的设想。

（14）**二八原理**又称 20/80 定律，被广泛应用于社会学及企业管理学等。在任何一组东西中，最主要的只占其中一小部分，约 20%，其余 80% 尽管是多数，却是次要的，因此又称二八定律。

（15）**企业让渡价值**是指顾客总价值与顾客总成本之差。其中，顾客总价值包括顾客在购买和消费过程中所得到的全部利益，这些利益可能来自产品价值、服务价值、人员价值或形象价值。顾客总成本是指顾客为购买某一产品所耗费的时间、精力、体力，以及所支付的货币资金等成本总和。企业让渡价值越大，顾客满意度越高。

7.2.2 理论体系

1. 市场环境分析

1）宏观环境分析

（1）经济环境。影响营销活动的经济因素主要是收入因素、消费支出、产业结构、经济增长率、货币供应量、银行利率、政府支出等因素，其中收入因素、消费支出对企业营销活动影响较大。

（2）人口环境。人口因素是构成市场的首要因素。我国的人口规模不断扩大，总人口数量不断增加，人口结构多样化，家庭形式多样化。总体来说，人口集中分布在沿海区域，人口流动方向由北向南、由西向东、由农村向城市发展。

（3）政治环境。政治环境对企业营销活动的影响主要表现为国家政府所制定的方针政策，如人口政策、能源政策、物价政策、财政政策、货币政策等，都会对企业营销活动带来影响。例如，国家通过降低利率来刺激消费的增长；通过降低对低排量轿车征收的购置税来鼓励低排量轿车的发展；通过征收个人收入所得税调节消费者收入的差异；通过增加产品税，对香烟、酒等商品的增税来抑制人们对某类商品的消费需求。

（4）法律环境。法律环境是指国家或地方政府所颁布的各项法规、法令和条例等，它是企业营销活动的准则，企业只有依法进行各种营销活动，才能受到国家法律的有效保护。

（5）社会文化环境。社会文化环境主要是指一个国家或地区长期形成的价值观、宗教信仰、道德规范、风俗习惯、行为方式、审美观念、生活方式及受教育程度等的总和。

（6）自然环境。自然环境主要包括阳光、空气、水、森林、土地等自然资源。例如对建筑业来说，土地资源是稀缺资源，是行业发展关键因素之一。空气污染、环境污染是重要的影响因素，应关注自然环境变化对行业的影响，从中分析企业营销的机会和威胁，制定相应的对策。

（7）科学技术环境。科学技术主导了建筑业的发展，成为宏观环境因素中发展较为迅猛的因素。在建筑领域中，新技术、新材料、新方法、新工艺层出不穷，如BIM技术、装配式施工技术发展迅速。率先掌握先进技术，就可以引领行业发展方向。

2）微观环境分析

（1）企业自身。企业自身因素主要包括企业的人财物及信息资源、企业技术水平、企业产品结构、企业管理能力、企业营销能力、企业财务状况、企业文化等因素，也称企业内部条件。它是企业经营的基础，是企业发展的根本。

（2）供应商。供应商是向企业提供资源的企业和个人。例如为建筑企业提供所需建筑材料、辅助材料、建筑设备、资金等资源的供货单位。企业要选择供货及时、产品质量好、信誉好的供应商，并建立伙伴关系。

（3）营销中介。营销中介也可以称“营销第三方”，是指为企业销售商品、提供资金融通、运输、储存、咨询、保险、广告、服务等业务的企业和个人。营销中介主要包括中间商、营销服务机构、物流公司、金融服务机构、技术咨询机构、第三方评价机构等单位。

（4）消费者。消费者即目标市场，是企业服务的直接对象，是企业营销活动的最终目标市场，也是营销活动的出发点和归宿。消费者是市场的主体，任何企业的产品和服务，只有得到了消费者的认可，才能赢得这个市场，可以说“消费者＝市场”。满足消费者需求是现代营销最核心的理念。

（5）竞争者。竞争者包括同行业竞争者和不同行业竞争者。竞争者分析主要分析行业内竞争企业的数量、竞争企业的规模和能力、竞争企业对竞争产品的依赖程度、竞争企业所采取的营销策略、竞争企业供应渠道及销售渠道、潜在竞争者威胁程度等。同行业竞争对手是直接竞争者，公司重点是围绕同行业竞争制定竞争策略。不同行业竞争者可能是潜在竞争者，会争夺目标客户群，降低目标客户群的购买力或购买欲望。

（6）公众。公众是指对企业实现其目标有实际影响或潜在兴趣的任何团体。如新闻媒体、政府、社会团体、一般公众等。公司对待公众的态度决定了公司的美誉度及公司形象。

2. 机会／威胁矩阵理论

机会／威胁矩阵图是对营销环境进行的总体分析，如图7-1所示。

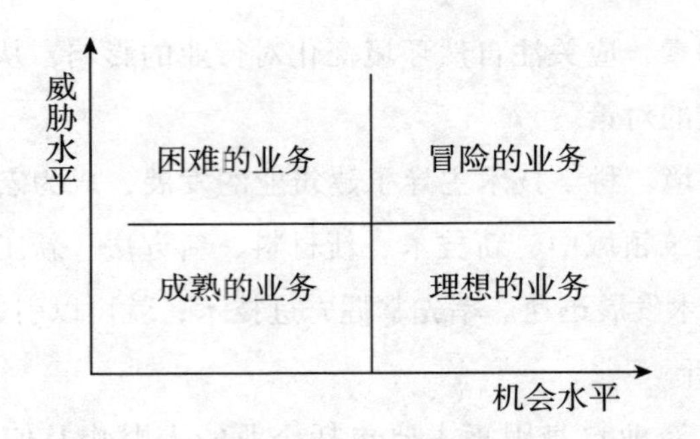

图 7–1　机会 / 威胁矩阵图

以横坐标表示机会水平高低，以纵坐标表示威胁水平高低，则会出现以下 4 种类型业务。

（1）理想的业务，即高机会和低威胁业务。对于理想业务，机会难得，甚至转瞬即逝，因此，企业必须抓住机会，迅速行动。

（2）冒险的业务，即高机会和高威胁业务。对于冒险业务，企业既不能盲目冒进，也不能迟疑不决，而应全面分析自身优势和劣势，扬长避短和创造条件争取实现突破性发展。

（3）成熟的业务，即低机会和低威胁业务。对于成熟业务，企业要么不进入，要么作为常规业务用于维持企业的正常运转，并作为开展理想业务和冒险业务的准备条件。

（4）困难的业务，即低机会和高威胁业务。对于困难业务，企业不要进入；已经进入的企业，要么努力改变环境，走出困境或减少威胁，要么立即转移，摆脱当前困境。

3. SWOT 分析理论体系

1）SWOT 分析法的适用条件

SWOT 分析法是由安索夫 1956 年提出的，后来经过多人的发展成为一个用于企业营销战略分析的实用方法。SWOT 分析法常常被用于制定集团发展战略和分析竞争对手情况，从整体上看，SWOT 可以分为两部分：第一部分为 S、W，主要用来分析自身内部条件；第二部分为 O、T，主要用来分析外部条件。利用这种方法可以从中找出对自己有利的、值得发扬的因素，以及对自己不利的、要避开的问题，找出解决的办法，并明确以后的发展方向，为领导者和管理者做决策和规划提供依据。

SWOT 方法的主要优点在于其直观性和易用性，即使没有精确的数据支持和更专业化的分析工具，也可以得出有说服力的结论。但是，正是这种直观和简单，使得

SWOT不可避免地带有精度不够的缺陷，只能形成一种模糊的企业竞争地位描述，带有一定程度的主观臆断。所以，在使用SWOT分析法时要注意其局限性，在罗列作为判断依据的事实时，要尽量真实、客观、精确，并提供一定的定量数据弥补SWOT定性分析的不足。

2）SWOT分析步骤

进行SWOT分析，主要有以下几个步骤。

（1）运用各种调查研究方法，分析出公司所处的各种环境因素，即外部环境因素和内部环境因素，并区分优势、劣势、机会、威胁。

优势（Strengths），是公司内部因素，具体包括：有利的竞争态势、充足的财政来源、良好的企业形象、技术力量、规模经济、产品质量、市场份额、成本优势、广告攻势等。

劣势（Weaknesses），也是公司内部因素，具体包括：设备老化、管理混乱、缺少关键技术、研究开发落后、资金短缺、经营不善、产品积压、竞争力差等。

机会（Opportunities），是公司外部因素，具体包括：新产品、新市场、新需求、市场壁垒解除、竞争对手失误等。

威胁（Threats），也是公司外部因素，具体包括：新的竞争对手、替代产品增多、市场紧缩、行业政策变化、经济衰退、客户偏好改变、突发事件等。

（2）构造SWOT矩阵。将调查得出的各种因素根据轻重缓急或影响程度等排序方式，构造SWOT矩阵，如表7-1所示。

表7-1　SWOT矩阵

内部环境	优　势	有利的竞争态势、充足的财政来源、良好的企业形象、技术力量、规模经济、产品质量、市场份额、成本优势、广告攻势
	劣　势	设备老化、管理混乱、缺少关键技术、研究开发落后、资金短缺、经营不善、产品积压、竞争力差
外部环境	威　胁	新的竞争对手、替代产品增多、市场紧缩、行业政策变化、经济衰退、客户偏好改变、突发事件
	机　会	新产品、新市场、新需求、市场壁垒解除、竞争对手失误

重要提示：在此过程中，将那些对公司发展有直接的、重要的、大量的、迫切的、久远的影响因素优先排列出来，而将那些间接的、次要的、少许的、不急的、短暂的影响因素排列在后面。做到不要过于乐观冒险，也不要过于悲观守旧。

（3）制订行动计划。在完成环境因素分析和SWOT矩阵的构造后，便可以制订出相应的行动计划。制订计划的基本思路是：发挥优势因素，克服弱势因素，利用机会因素，化解威胁因素，考虑过去，立足当前，着眼未来。运用综合分析方法，将排列与考虑的各种环境因素相互匹配起来加以组合，得出一系列公司未来发展的可选择对策。

4. 企业发展战略理论

1965 年，安索夫出版了《企业战略论》一书，标志着现代企业战略管理理论研究的起点。从此以后，“战略”这个概念就进入了企业领域。企业发展战略有四个特征：一是整体性；二是长期性；三是基本性；四是谋略性。整体性是相对于局部性而言的，长期性是相对于短期性而言的，基本性是相对于具体性而言的，谋略性是相对于常规性而言的。企业发展战略必须同时具有这四个特征，缺少一个特征就不是企业发展战略。

企业发展战略是企业发展中长期计划的灵魂与纲领，是为未来做出的一种决策。企业发展战略指导企业发展中长期计划，企业发展中长期计划落实企业发展战略。战略是前瞻性的，不是先知性的。

1）五力分析模型

五力分析模型是波特于 20 世纪 80 年代初提出，用于竞争战略的分析，可以有效地分析客户的竞争环境，并对企业战略制定产生深远影响。五种力量分别是：潜在竞争者的进入能力、替代品的替代能力、供应商的议价能力、购买者的议价能力、行业内现存竞争者的竞争能力。五种力量的不同组合将达到不同的效果。五力分析模型将不同的因素集合在一个简单的模型中，以此来分析一个行业的基本竞争态势。一种可行战略的提出首先应该通过确认并评价这五种力量，不同力量的特性和重要性因行业和公司的不同而变化。

2）核心竞争能力理论

1990 年，普拉哈拉德和哈默在《哈佛商业评论》上发表《公司的核心能力》一文，1994 年两人合著《竞争大未来》，正式提出了核心竞争能力理论，构成了 20 世纪 90 年代西方最热门的企业战略理论。他们认为，一个公司可以获得超出市场平均水平的利润，原因在于它能够比竞争者更好地掌握和利用某些核心能力。因此，企业要获得竞争优势，就必须寻找最有价值的核心能力。而核心能力是企业长期积累而形成的一种独特能力，难以模仿或超越，并具有持久性，是企业长期利润的源泉。在核心能力理论的指引下，战略联盟、供应链管理等战略方法被普遍认同和采用，这些方法是在运用波特价值链分析并确定企业竞争优势的基础上，进一步找到核心竞争优势即核心竞争能力，在经营管理的过程中充分利用核心竞争能力以保证企业的长期生存和持久发展。

3）学习型组织理论

彼得·圣吉1990年的著作《第五项修炼：学习型组织的艺术实践》从组织的角度对战略管理理论进行了阐释。圣吉认为，战略管理的最终目的是动态适应环境的变化，而组织学习就是适应环境变化的有效方法，对于企业的成败具有举足轻重的影响。尤其是在信息社会和知识经济时代，组织学习变得特别重要。圣吉也具体提出了成为学习型组织所必须具备的五项修炼：自我超越、改善心智模式、建立共同愿望、团队学习和系统思考。其中，系统思考贯穿于其他四项修炼的全过程，它与其他四项修炼整合成一体。对组织来讲，单独进行某项修炼并不难，但这并没有多大意义，必须把这五项修炼结合在一起进行，才有可能建成一个学习型的组织。

5. 企业愿景

企业愿景是指企业希望在未来实现的长期目标和核心价值观念，它是企业使命的具体化和可操作化，是企业在市场竞争中定位自己的重要依据。企业愿景包括核心信仰（核心价值观和核心使命）及未来前景两部分内容。企业愿景体现了企业家的立场和信仰，是企业的发展方向及战略定位，是企业最高管理者对企业未来的设想。简单地说，企业愿景就是企业的理想与愿望。

7.3　任务内容

子项目1：SWOT分析

任务1：认知SWOT理论

实训教具：无。

实训教学形式：分组教学。

任务完成时间：10分钟。

实训教学过程如下。

（1）布置任务：认知SWOT理论，举例说明企业的优势、劣势、机会、威胁各指的什么内容。或者以“运用SWOT理论，分析高职大学生就业状况”来认知SWOT理论。

（2）分组讨论：各学习小组将讨论内容整理成书面文字。

（3）教师巡视：指导教师倾听学生讨论内容，提醒学生注意“优势、劣势、机会、威胁”的含义，明晰“优势、劣势、机会、威胁”应包含的基本内容。

（4）效果检查：选定公司团队，由担任市场营销经理岗位的学生进行口头汇报。重点汇报“优势、劣势、机会、威胁”的内容，并能适当解释。其余团队评分，记为过程性考核成绩。

（5）教师点评：指导教师重点点评“优势、劣势、机会、威胁”的内容是否合适，学生的表达能力有否有所提高。

任务2：运用SWOT理论，对公司经营环境进行分析

实训教具：教学A3用纸、水性笔（黑色）、夹子、Wi-Fi教学环境。

实训教学形式：分组教学。

任务完成时间：10分钟。

实训教学过程如下。

（1）布置任务：运用SWOT分析工具，对新创立公司进行市场营销环境分析。

（2）分组讨论：各学习小组将讨论内容整理成书面文字。

（3）分发教具。

（4）教师巡视：本任务是对任务1的延伸，主要是围绕新创立公司进行市场营销环境分析，分析公司的“优势、劣势、机会、威胁”。指导教师要特别提醒学生“不要混淆优势、机会”“不要混淆劣势、威胁”，要紧紧围绕公司经营环境进行客观分析。

（5）效果检查：选定公司团队，由担任市场营销经理岗位的学生进行成果汇报。其余团队评分，记为过程性考核成绩。

（6）教师点评：指导教师点评该公司的“优势、劣势、机会、威胁”是否客观存在，分析是否中肯、全面，表述是否清晰、明了。

子项目2：制定公司发展战略

任务1：确定新创立公司发展战略

实训教具：教学A3用纸、水性笔（黑色）、夹子、Wi-Fi教学环境。

实训教学形式：分组教学。

任务完成时间：10 分钟。

实训教学过程如下。

（1）布置任务：运用五力分析模型，确定新创立公司发展战略，是成本领先战略、差异化战略还是集中化战略，并说明理由。

（2）分组讨论：各学习小组可以借助网络资源完成学习任务。

（3）分发实训教具。

（4）教师巡视：若学生对“公司发展战略”认知较差，理解能力有限。指导教师可以将“个人理想及实现路径”与“公司发展战略”关联，让学生认识“公司发展战略”的重要性，并由此确定公司应该选择何种发展战略。

（5）效果检查：选定公司团队，由担任公司总经理岗位的学生进行成果汇报。重点汇报公司选择何种发展战略及为什么选择这种发展战略。其余团队评分，记为过程性考核成绩。

（6）教师点评：指导教师点评该公司所选择的发展战略是否恰当，理由是否充分，学生表述是否有逻辑。

任务 2：确定本公司愿景

实训教具：教学 A3 用纸、水性笔（黑色）、夹子。

实训教学形式：分组教学。

任务完成时间：5 分钟。

实训教学过程如下。

（1）布置任务：列举一些优秀公司的企业愿景，并进行点评。运用企业愿景理论，制定新创立公司的企业愿景。

（2）分组讨论：各学习小组可以借助网络资源完成学习任务。

（3）分发实训教具。

（4）教师巡视：指导教师提醒各公司的企业愿景要符合企业发展规律，不要盲目“拔高”。

（5）效果检查：选定公司团队，由担任公司总经理岗位的学生进行成果汇报。其余团队评分，记为过程性考核成绩。

（6）教师点评：一是点评学生对优秀公司企业愿景是否全面、客观；二是点评本公司的企业愿景是否科学、合理。

7.4 创业案例选编

案例一：梁荣华的“电商经”

梁荣华是广东省 A 照明公司董事长，他的公司通过网上营销平台，2022 年一年产品销售近亿元，占销售总额的 95% 以上，公司也由此走上了接近零库存的“以销定产”模式。

早在 2013 年，梁荣华便意识到网上卖产品是趋势，于是让网销的重心从网上招揽业务转向网上直接售卖产品。由该公司 50 人的团队负责在淘宝、天猫进行产品销售，20 人的团队从事网络订单业务的线下跟进。谈到网销秘诀，梁荣华认为：一是一定要有爆款产品，且至少要进入销售排行榜的前四名；二是率先实行了承诺两年包换，让消费者成为真正的主人。

思考分析：

1. 梁荣华成功的关键因素是什么？
2. 梁荣华的成功对你创业有哪些启示？

案例二：刘勇的首次创业

刘勇是 80 后，生长在农村，熟悉农村环境。借助家庭的资源条件，大学毕业后选择了自主创业。

经过调查，刘勇选择了兔子养殖。刚开始他没有养殖经验，不了解市场行情，养殖规模较小。养殖一段时间后，他觉得太累、太辛苦，接着出现兔子死亡的情况，刘勇整天提心吊胆，感觉身心疲惫。此外，养兔子至少需要 4 个月才见效益，就算见效益，由于刘勇的养殖规模太小，盈利也不会多。于是对兔子养殖失去信心的刘勇开始寻找其他创业项目。

但是就在刘勇放弃兔子养殖的第二年，肉兔价格开始飞涨。

思考分析：

1. 刘勇创业失败的缘由是什么？
2. 结合个人实际情况，谈谈在创业中应如何面对困难和挫折。

7.5 创业明星

刘欢，是济宁职业技术学院2012届建筑装饰工程技术专业毕业生，于2014年创办济宁盛丰装饰工程有限公司，年收入达30万元。

在校学习期间，刘欢参加了建筑工程系举办的大学生模拟创业教育，系统学习了创业知识，掌握了创业所需要的企业管理知识、企业财务知识和市场营销知识。借助寒暑假的时间，主动到济宁市的装饰企业进行实践锻炼。

毕业后，刘欢先在济宁市一家规模较大的装饰公司实习，实习期满后开始独立开展业务活动。一年后，注册成立了济宁盛丰装饰工程有限公司，主要从事家装业务。基于对济宁市建筑业发展趋势的预测，刘欢开始将工作重点转移到装饰设计领域，专门为各类装饰公司提供装饰设计效果图并取得了不错的业绩。

7.6 实训练习

1. 结合行业特点，选择一家企业，运用SWOT分析工具，对该创立公司进行市场营销环境分析。

2. 运用企业愿景理论，修订和完善本公司的企业愿景。

项目八 制定企业市场营销战略

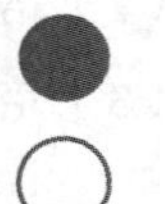

8.1 素质要求

【知识目标】

（1）了解企业市场营销战略的内涵。

（2）熟悉产品的整体概念、产品的生命周期，掌握产品组合、品牌策略。

（3）熟悉产品成本、定价目标，掌握分析影响企业价格制定的因素。

（4）熟悉分销渠道的概念，掌握影响分销渠道设计的因素。

（5）掌握促销组合的策略、方式和技巧。

【能力目标】

（1）能正确使用产品整体概念及层次构成分析产品。

（2）能正确运用产品组合策略、产品生命周期策略、品牌策略和包装策略。

（3）能科学、合理地运用定价方法与定价策略为产品定价，实现企业经营目标。

（4）能根据实际情况，科学地选择和设计分销渠道。

（5）能正确运用促销基本策略，组织并开展促销活动。

【素养目标】

（1）培养学生的营销思维方式。

（2）培养学生的团队协作精神和意识。

（3）培养学生的创新精神。

8.2 理论知识梳理

8.2.1 专业名词

（1）**产品**是指被人们使用和消费，并能满足人们某种需求的任何东西，包括有形的物品、无形的服务、组织、观念或它们的组合。它既包括有形的劳动产品，如实体、品质、款式、品牌、包装等；也包括无形的服务类产品，如售前、售中、售后的各种服务等。

（2）**产品生命周期**是指产品从试制成功、投放市场开始，直到被市场淘汰、退出市场的全过程。

（3）**品牌**是一种社会群体对特定事物或产品的识别认知，是建立在受众群体认知与认可基础之上的集体意识体现。通常由文字、标识、符号、图案和颜色等要素或这些要素的组合构成。品牌是一个集合概念，包括品牌名称与品牌标志两部分。

（4）**产品组合**是指一个企业提供给市场的全部产品线和产品项目的组合，即企业的经营范围。产品组合的 4 个维度，即产品组合的宽度、长度、深度和关联度。

（5）**产品线**又称产品大类，是指与产品在技术上和结构上密切相关，具有相同、相似或相关使用功能、规格不同而满足同一目标消费群需求的一组系列产品。一条产品线就是一个产品类别，产品线由若干产品项目组成。

（6）**产品项目**是指针对某一特定市场需求的物品或服务所展开的一系列开发和管理的系统性工作。

（7）**产品成本**是指企业为了生产产品而发生的各种耗费。可以指一定时期内生产一定数量产品而产生的成本总额，也可以指一定时期生产产品的单位成本。

（8）**成本核算**是把一定时期内企业生产经营过程中所发生的费用，按其性质和发生地点，分类归集、汇总、核算，计算出该时期内生产经营费用发生总额并分别计算出每种产品的实际成本和单位成本的管理活动。

（9）**定价目标**是企业在对其生产或经营的产品制定价格时，有意识的要求达到的目的和标准。它是指导企业进行价格决策的主要因素。

（10）**撇脂定价法**是指在产品生命周期的最初阶段把产品价格定得很高，以求最大利润，尽快收回投资。

（11）**渗透定价策略**是指企业把新产品投入市场时价格定得相对较低，以吸引大量顾客及迅速打开市场，短期内获得比较高的市场占有率，同时通过接近成本的定价，吓退其他打算进入该领域的竞争者的一种定价策略。

（12）**满意价格策略**是新产品投入市场一开始就以适中的、买卖双方均感合理的价格销售产品的策略。它是介于撇油策略与渗透策略之间的中价策略，一般适用于需求弹性适中，销售量稳定增长的产品。

（13）**心理定价策略**就是企业在制定产品价格时，运用心理学的原理，根据不同类型消费者的消费心理来制定价格，它是定价的科学和艺术的结合。

（14）**折扣定价策略**是指对基本价格做出一定的让步，通过给予一定形式的折扣，直接或间接降低价格以争取消费者，扩大销量的策略。

（15）**市场营销渠道**是指配合生产、分销和消费某一生产商的产品和服务的所有企业及个人，即在产品供产销过程中的供应商、生产商、经销商（批发商或零售商）、代理商、辅助商，以及最终消费者或用户等。

（16）**中间商**是指在生产者与消费者之间参与商品交易业务，促使买卖行为发生和实现的、具有法人资格的经济组织或个人。中间商的类型包括经销商、代理商和经纪人以及批发商和零售商。零售商又包括商店零售商和无店铺零售商。

（17）**促销**是指企业为了打开市场、扩大产品销售，把有关本企业产品和服务的信息通过相适应的方式和手段，向目标顾客传递，促使其了解、熟悉、信赖企业的产品和服务，从而达到激发顾客购买欲望，促成顾客购买行为的一系列活动。

（18）**广告**是指广告主以付费的方式通过一定的媒体有计划地向目标公众传递有关商品、劳务等信息，借以影响受众的态度，进而诱发或说服其采取购买行动的一种大众传播活动。

（19）**人员推销**是指企业通过派出销售人员与一个或一个以上的潜在消费者进行交谈，从而达到推销产品的目的的活动。

（20）**营业推广**又称销售促进，它是指企业运用各种短期诱因鼓励消费者和中间商购买、经销（或代理）企业产品或服务的一种促销活动。

（21）**公共关系**是一个企业或组织为了创建并保护自己的形象，营造良好的营销环境与舆论氛围，采取的一系列有计划、有目标的活动或策略。

8.2.2　理论体系

1. 产品的整体概念

产品的整体概念包括产品的核心层、有形层及外延层。

（1）核心产品（产品的核心层）。所谓核心产品，就是指产品能为消费者带来的基本利益和效用，是消费者购买的核心所在。因为消费者购买某种产品，不仅是为了获得它的所有权，还因为能满足自己某方面的需求。比如，人们购买化妆品的主要目的是保养皮肤，为了达到使自己显得更年轻、更漂亮的目的，化妆品的美颜功能就是核心产品。核心产品体现了产品实质，所以也叫实质产品。

（2）形式产品（产品的有形层）。所谓形式产品，就是指核心产品借以实现的具体形式。形式产品一般通过产品款式、形状、质量水平、品牌、包装等反映出来。产品的基本效用必须通过形式产品才能有效地体现出来。如果没有良好的形式产品做保证，消费者就无法从核心产品获得满足和利益，它是消费者选择产品的直观依据。

（3）附加产品（产品的外延层）。所谓附加产品，就是指消费者因购买产品所得到的附加服务和附加利益的总和，如向消费者提供咨询、送货、安装、维修、资金融通、使用指导，以及各种服务保证等。在竞争激烈的市场上，产品能否给消费者带来附加利益和服务，已成为企业经营成败的关键。只有向消费者提供具有更多实际利益、能更完美地满足其需要的附加产品，企业才能在日益激烈的市场竞争中取胜。即便是核心和形式完全相同的两个产品，只要随实体物质所提供的服务有差异，那么在消费者眼中就是两个完全不同的产品。

2. 产品生命周期理论

1）典型的产品生命周期

典型的产品生命周期可划分为4个阶段：投入期、成长期、成熟期和衰退期，如图8-1所示。

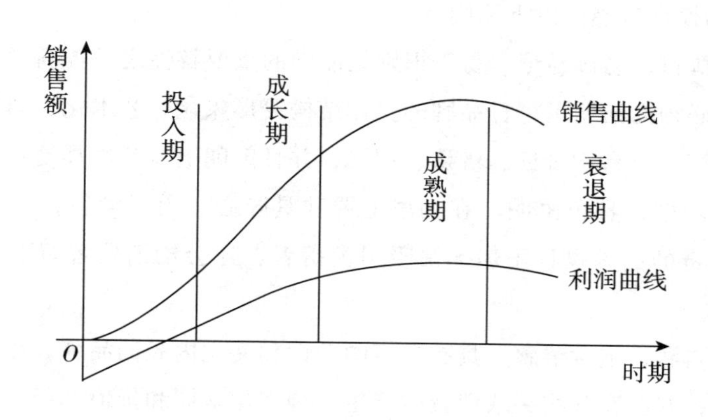

图8-1 产品生命周期

2）产品生命周期各阶段的特征及营销策略

（1）投入期。一种新产品开始投入市场进行试销的时候，称作投入期。这一阶段的特点是：产品刚进入市场，消费者对产品不了解，销量小，单位产品成本高；广告费用和其他营销费用开支较大；产品技术性能不够完善；通常出现亏损现象。企业在这个阶段的营销重点，应把握一个“快”字，缩短产品的市场投放时间，迅速占领市场，促使其向成长期过渡。投入期的营销策略主要有撇脂定价和渗透定价。

（2）成长期。产品迅速被市场接受，销售量迅速增长，销售利润快速上升。成长期的主要特征有：产品基本定型，产量激增，成本下降，利润额迅速提高，产品具有一定的市场占有率，市场竞争日趋激烈。成长期的营销策略主要有：提高产品质量，增加新的功能、特色和款式；开拓新市场、增加新的分销渠道；加强品牌宣传。

（3）成熟期。当企业的产品已被大多数潜在消费者接受，销售量和利润缓慢增加甚至下降。成熟期的主要特征有：产品的销售量、利润额达到最高峰，销售增长速度缓慢或呈稳定状态；市场进入饱和状态，竞争最为激烈。成熟期的营销策略有产品改革策略、市场改革策略、营销组合改革策略。

（4）衰退期。由于同类新产品不可遏制地占领了市场，企业产品竞争力不断下降，使产品的生命周期进入衰退期。这一阶段的特点是：销售量急剧下降，价格下跌，多数企业无利可图，竞争者纷纷退出市场，而那些新型的优质产品已全面占领了市场。衰退期的营销策略有集中策略、持续策略、榨取策略和转移策略。

3. 产品品牌理论

1）品牌的设计应遵循以下原则

（1）简洁醒目，易读易记。易于识别是品牌的重要特性之一。商品品牌要使人过目难忘，首先必须简洁明了，且品牌的整体结构要形象化、艺术化、通俗化；在语言上，文字要精练，要易于拼读、辨认、记忆，并且朗朗上口、悦耳动听。

（2）构思巧妙，特色鲜明。在构思上要独具匠心，勇于创新，体现品牌的独特个性。平庸无奇的品牌设计不但无法吸引消费者，还会给消费者留下产品一般化的感觉。

（3）富有内涵，饱含情感。具有丰富的个性和文化内涵的品牌，往往能唤起消费者的美好联想，并能在其购买或消费时产生一种文化认同和价值选择。

（4）与目标市场的文化背景相适应。由于不同国家和地区在历史文化传统、语言文字、风俗习惯、价值观念和审美情趣方面存在差异，品牌设计时要特别注意避免使用当地忌讳的图案、色彩，以及令消费者产生误解的文字内容。

（5）不触犯法律法规。在不同国家和地区，营销活动要适用当地法律法规。

2）品牌命名的思路及设计要求

品牌名称命名时可以参考以下思路：根据产品效用命名，根据地名及名胜古迹命名，根据美好的词汇命名，以动植物的名称命名，以故事、神话传说命名，以数字命名，外文音译命名等。品牌不仅要有好的名字，还要有好的造型和色彩。品牌标志的设计要求主要表现在独特性、通俗性、简洁性、帮助传达品牌的象征意义等方面。

4. 产品包装理论

根据调查数据显示，在消费终端，有63%的消费者是根据商品的包装、装潢进行购买决策的。到超市购物的家庭主妇，由于被精美的包装、装潢的吸引，其消费量往往超过她们原先预计购货的45%。由此可见，有商品“第一印象”之称的包装，在市场中发挥着不可忽视的作用，是无声的推销员。

5. 产品组合理论

产品组合具有以下4个维度。

（1）产品组合的宽度。产品组合的宽度又称产品组合的广度，是指企业拥有不同产品线数目的多少。企业拥有的产品线越多，其产品组合就越宽；产品线越少，其产品组合就越窄。

（2）产品组合的长度。产品组合的长度是指企业产品组合中所包含不同规格的所有产品项目的总和。企业产品项目数越多，其产品组合的长度越长；产品项目数越少，其产品组合就越短。产品组合的平均长度，是指产品项目总数除以产品线的数目。

（3）产品组合的深度。产品组合的深度是指一条产品线上每一产品包含的不同花色、规格、尺码、型号、功能等的产品项目数目的多少。产品组合的深度越大，企业产品的规格、品种就越多。

（4）产品组合的关联度。产品组合的关联度是指企业各类生产线在最终用途、生产条件（原材料、设备、技术）、分销渠道或其他方面相互联系的紧密程度。

6. 产品成本核算

1）产品成本组成

产品成本可以分为以下4个成本项目。

（1）直接材料。直接材料包括企业生产经营过程中实际消耗的原材料、辅助材料、备品配件、外购半成品、燃料、动力、包装物及其他直接材料。

（2）直接工资。直接工资包括企业直接从事产品生产人员的工资及福利费用。

（3）其他直接支出。其他直接支出包括直接用于产品生产的其他支出。

（4）制造费用。制造费用是指企业生产过程中所发生的各种费用。一般包括：生产单位管理人员工资及福利、固定资产折旧费、租入固定资产租赁费、修理费、机物料消耗、低值易耗品、取暖费、水电费、办公费、差旅费、运输费、保险费、设计制图费、试验检验费、劳动保护费、季节费、修理期间的停工损失费以及其他制造费用（包括废品损失）等。

2）成本核算程序一般步骤

成本核算程序一般步骤包括：生产费用支出的审核；确定成本计算对象和成本项目，开设产品成本明细账；进行要素费用的分配；进行综合费用的分配；进行完工产品成本与在产品成本的划分；计算产品的总成本和单位成本。

7. 定价策略

（1）新产品定价策略。新产品的定价策略主要有撇脂定价策略、渗透定价策略和满意定价策略。

（2）产品组合定价策略。产品组合定价策略主要有产品线定价、选择品定价、产品系列定价和互补品定价。

（3）折扣定价策略包括数量折扣、现金折扣、季节性折扣。

（4）心理定价策略包括尾数定价、整数定价、声望定价、招徕定价。

8. 渠道策略

1）分销渠道类型

按商品在流通过程中经过的流通环节的多少，分销渠道可划分为直接渠道和间接渠道。

（1）直接渠道。直接渠道是指没有中间商参与，产品由制造商直接销售给消费者和用户的渠道类型。如上门推销、电视直销和网上直销等。直接渠道是工业品销售的主要方式，特别是一些大型、专用、技术复杂、需要提供专门服务的产品。

直接渠道的优点是：对于用途单一、技术复杂的产品，可以有针对性地安排生产，更好地满足需要；制造商直接向消费者介绍产品，便于消费者掌握产品的性能、特点和使用方法；由于直接渠道不经过中间环节，制造商可以降低流通费用，掌握价格的主动权，积极参与竞争。但直接渠道也存在不足，如制造商在销售上投入大、花费大，而且销售范围也受到限制。

（2）间接渠道。间接渠道是指产品经由一个或多个商业环节销售给消费者和用户的渠道类型。它是消费品销售的主要方式，许多工业品也采用。

间接渠道的优点是：中间商的介入，使交易次数减少，节约了流通成本和时间，降低了产品价格；中间商着重扩大流通范围和产品销售，制造商可以集中精力于生产，有利于整个社会的生产者和消费者。它的不足是：中间商的介入，使制造商与消费者之间的沟通不便。

另外，分销渠道还可以按照中间环节（层次）的多少分为长渠道和短渠道；按照每一渠道层次中间商的多少分为宽渠道和窄渠道；按照渠道成员联系的紧密程度分为传统渠道和现代渠道系统。传统渠道是指由独立的制造商、批发商、零售商和消费者组成的分销渠道。

2）影响分销渠道选择的因素

影响分销渠道选择的因素很多。生产企业在选择分销渠道时，必须对下列几方面的因素进行系统的分析和判断，才能作出合理的选择。

（1）产品特性，应重点考虑产品种类、产品性质等特性。

（2）市场特性，主要包括目标市场规模、地域宽广程度，生产者、消费者距离远近，消费者特性等因素。

（3）企业特性，包括企业规模、经营者经验及能力、财务能力、企业竞争力、产品组合及企业经营目标等因素。

3）渠道管理

（1）激励渠道成员。生产商在选择确定了中间商之后，为了更好地实现企业的营销目标，促使中间商与自己合作，还必须采取各种措施不断对中间商给予激励，以此来调动中间商的积极性。

（2）调整渠道成员。在分销渠道管理中，根据每个中间商的具体表现、市场变化和企业营销目标的改变，对分销渠道需要进行调整。根据市场变化，适时增减分销渠道中的中间商、增减某一种分销渠道或者调整整个分销渠道。

9. 制定企业促销策略

1）促销的作用

促销活动实质上是一种信息沟通活动。促销的方式分为人员推销、广告、营业推广、公共关系 4 种形式。其作用具体表现在如下方面：传递信息、沟通情报、突出特点，优化竞争、创造需求，扩大市场花色、增加利润，提高效益。

2）促销组合设计的原则

促销组合设计必须遵守国家法规，讲究商业道德；以产品为核心，优化促销组合；讲究促销艺术，提高促销效果；实事求是，以理服人。

3）促销组合制订的程序

（1）确定目标受众。确定目标受众即确定谁是信息接收者、产品的潜在消费者、现有使用者、决策者或影响者。

（2）确定促销目标。企业开展促销活动进行信息传递，最终目的是实现商品的交换。但是商品潜在交换的实现受到多种因素的制约和影响。这导致了在不同时间、不同阶段、不同对象、不同环境下进行的促销活动，追求的目标与期望达成的效果有所不同。

（3）确定促销时机和促销期限。促销活动的时机选择和期限，直接影响促销的效果。因此，企业在进行促销时必须谨慎考虑。促销时机的选择一般应结合消费需求时间的特点，结合总的市场营销战略确定，日程安排应注意与生产、分销、需求的时机和日程协调一致。

（4）设计促销诉求信息。设计促销诉求信息，即解决说什么和怎么说的问题。一个产品在生命周期的不同阶段促销诉求的差异较大，应分别进行设计。

（5）选择信息沟通渠道。信息沟通渠道通常分为两类：人员沟通与非人员沟通。人员沟通渠道是指涉及两个或更多人的相互间的直接沟通。人员沟通可以是当面交流，也可以通过电话、邮件、网络等方式进行。非人员沟通是指不通过人员接触而进行的一种信息沟通方式，是一种单向沟通方式，包括大众传播媒体，如电视、网络、报纸等。其他传播方式，如商品陈列、POP 广告、营业场所的布置、事件（如新闻发布会和展销会等）等。

（6）制定促销预算。促销预算是企业面临的最难做的营销决策之一。企业制定促销预算的方法有许多，常用的方法有量力而行法、目标任务法、销售百分比法、利润百分比法和竞争对等法等。

（7）确定促销组合。企业在确定了促销预算后，面临的重要问题就是如何将促销费用合理地分配于 4 种促销方式的促销活动中。

4 种促销方式的优劣势比较见表 8–1，许多企业都是综合运用这 4 种方式来达到既定目标。

表 8–1　4 种促销方式的优劣势比较

促销方式	优势	劣势
人员推销	信息双向沟通，信息反馈及时；信息传递针对性强；尤其适用于某些贵重商品和特殊商品	成本高；受推销人员素质的制约；接触面窄
广告	传播面广，速度快；形象生动，信息艺术化，吸引力大；可选择多种媒体；可重复多次使用	说服力小；购买行为滞后；信息量有限
营业推广	可提高企业知名度、美誉度和信赖度；可信度高；绝对成本低	见效慢；难以取得媒体的合作；效果难以控制

续表

促销方式	优势	劣势
公共关系	见效快，吸引力大；在改变消费行为方面非常有效；与其他促销工具有很好的协同作用	只能短期刺激；可能引起消费者顾虑和怀疑；可能损坏品牌形象；竞争对手容易模仿

（8）建立反馈系统。促销活动实施后，必须跟踪调查促销信息对目标受众的影响，评价其效果。同时，收集目标受众反映的行为数据，如多少人购买了产品，对其产生了兴趣等。营销人员根据反馈信息，决定是否需要调整营销战略或具体促销设计等。

10. 广告

1）广告的作用

广告的作用主要表现在：①传递信息，诱导消费；②介绍商品，引导消费；③树立形象，促进销售。

2）广告分类

广告媒体多种多样，除报纸、杂志、广播、电视外，还有 POP 广告、网络等。各种广告媒体的特点见表 8-2。

表 8-2　各种广告媒体的特点

媒体	优点	缺点
报纸	传播速度较快，信息传递及时；信息量大，说明性强；易保存，可重复；阅读主动；权威性高；认知度高	受关注度不高；印刷效果不完美，表现形式单一；时效性短
杂志	读者阶层和对象明确；杂志印刷精美，阅读率高，保存期长；杂志媒体版面安排灵活，色彩丰富；读者针对性强；知识性；重复性；美感好	传播时间长，时效性差；宣传面窄
广播	传播方式的即时性；传播范围的广泛性；收听方式的随意性；受众层次的多样性；制作成本与播出费用的低廉性；播出的灵活性；激发情感的煽动性	传播时间短；单调；不易记忆
电视	直观性强；有较强的冲击力和感染力；有较高的受关注度；有利于不断加深印象；有利于激发情绪，增加购买信心、决心	受收视环境影响大，不易把握传播效果；被动接受；费用昂贵；不利于深入理解广告信息；容易产生抗拒情绪
POP 广告	能加深消费者对商品的认识程度，能更快地帮助消费者了解商品的性质、用途、价格及使用方法；能增强销售现场的装饰效果，美化购物环境，制造气氛，增进情趣，对消费者起着诱导作用；更重视实物的展示；可长期使用，能节省宣传费用	使用率低
网络	覆盖范围广；互动性；超大信息容量	效果评估困难

3）常用广告技巧

（1）利用名人效应。人们对社会名人普遍存在着仰慕的心理，所以可以利用名人效应来进行广告宣传。

（2）赋予产品一种吸引人的形象。由于大多数产品日益标准化和复杂化，公众很难客观地给它们以公平的评价、对待，因此企业迫切需要为那些毫无特色的产品塑造出独具魅力的“品质”。

（3）以新奇特色取胜。在当今广告充斥的世界里，必须把广告做得有特色，才能引起消费者的注意。

（4）利用人们的逆反心理。利用人们的逆反心理来做广告，往往可以取得出其不意的效果。

11. 人员推销

人员推销的步骤如下所述。

（1）寻找顾客。寻找顾客，即寻找有可能成为潜在购买者的顾客。顾客是指既可以需要某种推销的商品，又有能力购买这种商品的个人或组织。

（2）事前准备。在推销之前，推销员必须具备3个方面的基本知识：①产品知识，包括本企业的基本情况和企业产品的特点、用途等；②顾客知识，包括潜在顾客的个人情况、所在企业的情况等；③竞争者知识，包括竞争对手的产品特点、竞争能力和竞争地位等，真正做到“知己知彼”。

（3）访问顾客。访问顾客，即开始登门拜访，与客户开始面对面交谈，征求顾客同意洽谈的过程。访问顾客要达到3个目标：①给顾客留下一个好印象；②验证在准备阶段得到的信息；③为推进洽谈打下基础。

（4）推销洽谈。推销人员可以按照AIDA模式向顾客推销产品，即争取顾客关注产品（Attention）、引起兴趣（Interest）、激发欲望（Desire）、采取行动（Action）。推销人员应以产品性能为依据，着重说明产品给顾客带来的益处，可充分利用样品、产品模型、图片及各种资料进行展示，从而获得顾客的信任。

（5）应对异议。有效地排除顾客异议，是达成交易的必要条件。一个有经验的推销员应具有与持不同意见的买方洽谈的能力。

（6）达成交易。达成交易，即推销人员要求对方采取行动、订货购买的阶段，是推销过程的成果和目的。推销人员一旦发现对方有购买意愿，应立即抓住时机成交。此时，推销人员还可提供一些最后保留的优惠条件，以促成交易，最终达到双赢。

（7）事后追踪。达成交易并不是推销的结束，而是下一轮推销的开始，因此要对顾客体验进行事后追踪。

12. 营业推广

营业推广的方式主要有以下几种方式。

（1）赠送样品。企业在推出新产品时，为了促使顾客尽快地了解新产品的性能特点，经常向顾客赠送样品或免费试用样品，以吸引他们购买。

（2）有奖销售。通过给予顾客一定奖励的办法来促进商品销售。

（3）优惠券。在购买某种商品时，持优惠券可以获得价格优惠。

（4）特惠包。在商品质量不变的前提下，向顾客提供比正常价格略低的商品。此法对刺激短期销售十分有效，很受长期使用该产品的顾客欢迎。

（5）产品现场陈列和现场演示。通过现场 POP（销售点广告）和现场示范表演，向顾客介绍产品的特点、用途和使用方法等，在销售现场营造出浓厚的购买气氛，来刺激顾客的购买欲望。

（6）积分回报。顾客从特定的卖家那里购买商品时，可将购物金额兑换为相应的积分，当积分达到一定分值时，可从卖家那里获得现金或其他形式的回报。其作用在于鼓励顾客重复购买，培养出一批忠诚顾客。

（7）顾客信贷和顾客之窗。前者通过赊销或分期付款、贷款等方式推销商品；后者通过组织消费者参加企业举办的商品、企业命名征文活动，商标、包装和广告设计征文活动，知识竞赛等活动获取奖励，从而提升企业和产品的知名度。

（8）俱乐部制和会员制。顾客缴纳一定数额的会费给组织者，即可享受到多种价格优惠。

13. 公共关系

公共关系主要有以下几种方式。

（1）宣传性公关。宣传性公关是指通过广告、新闻报道、经验介绍、专访等形式，向社会各界进行信息传播，以形成有力的社会舆论、创造良好的营销环境，这种形式主导性强、影响面广且效果好。

（2）征询性公关。征询性公关是指通过开展各种咨询业务、问卷调查、热线电话和信息交流会等，从外界广泛收集信息，进行分析研究，为经营管理决策提供依据，从而为社会公众服务。这种方式需要连续不断的努力才能收到良好效果。

（3）交际性公关。交际性公关是指通过宴会、座谈会、招待会、联欢会等形式，与公众联络感情、沟通信息、广结良缘。这种形式直接、灵活、富有人情味，能加深企业与社会各界的交往。

（4）服务性公关。服务性公关是指通过提供各种服务来获取社会各界的了解、信任和好评。这种形式由于企业提供了各种实质性的服务，是能够让顾客切实感受到的。因此，顾客更乐于接受，同时也能调动起企业内部所有人员的积极性。

（5）社会性公关。社会性公关是指通过赞助公益事业、体育、文化、卫生等社会性事业，提高企业的社会知名度与美誉度，引发公众特殊的兴趣。这种方式公益性强、影响力大且效果独特。

（6）危机性公关。危机性公关主要是指企业或产品因某些事故、意外、灾难等，而使"形象"受到损害时，企业调动公共关系范围内的一切手段，使企业转危为安的各种有效步骤与恢复和巩固公众信任的公关方法。危机性公关是企业公共关系水平的综合体现。

8.3 任务内容

子项目1：制定公司产品策略

任务1：确定公司产品组合

实训教具：无。

实训教学形式：分组教学。

任务完成时间：15分钟。

实训教学过程如下。

（1）布置任务：运用产品组合策略，确定新创立公司的产品组合。

（2）分组讨论：各学习小组将讨论内容整理成书面文字。

（3）教师巡视：指导教师要重复"产品组合的内容"，要明晰产品、产品线、产品长度、产品宽度、商标、包装的基本内涵，帮助学生完成本项任务。

（4）效果检查：选定公司团队，由担任公司市场营销经理岗位的学生进行汇报。重点汇报公司产品线，汇报公司的"拳头产品"的种类，汇报"拳头产品"的盈利点。其余团队评分，记为过程性考核成绩。

（5）教师点评：指导教师重点点评公司产品线是否合理，"拳头产品"的种类是否恰当，“拳头产品”的盈利点是否真正能带来较丰厚的利润，同时，对汇报者的商务礼仪进行简要点评。

子项目 2：制定公司价格策略及渠道策略

任务 1：核算产品成本

实训教具：无。

实训教学形式：分组教学。

任务完成时间：15 分钟。

实训教学过程如下。

（1）布置工作任务：认知成本核算的基本内容，借助网络资源查询相关资料，制订公司半年的成本计划。

附表

半年成本核算表

项　目	费用 / 元					
	1 月	2 月	3 月	4 月	5 月	6 月
原材料						
工资						
土地租金						
营销费用						
公用事业费						
维修费						
保险费						
登记注册费						
折旧费						
贷款利息						
总成本						

（2）教师巡视：指导教师要对“半年成本核算表”中的各项目进行简要讲解，明确成本项目归集的原则，明晰某些费用的确定方法。在巡视中，发现并鼓励填报较合理的公司团队。

（3）效果检查：选定公司团队，由担任公司财务经理岗位的学生进行汇报。重点汇报原材料、工资、营销费用、折旧费的数额及其确定依据。其余团队评分，记为过程性考核成绩。

（4）教师点评：指导教师同样围绕“半年成本核算表”各项目进行点评。可以以填报较合理的公司团队的成本核算表为对照，再次对各组进行点评。

任务 2：制定公司价格策略及渠道策略

实训教具：教学 A3 用纸、水性笔（黑色）、夹子、Wi-Fi 教学环境。

实训教学形式：公司团队成员为一个学习小组，进行分组教学。

任务完成时间：15 分钟。

实训教学过程如下。

（1）布置任务：制定新创公司的价格策略与渠道策略，并说明理由。

（2）分组讨论：各学习小组可以利用网络资源查询相关资料。

（3）分发教具。

（4）教师巡视：指导教师要提醒学生回顾价格策略及渠道策略的内容。本任务重点是完成价格策略的内容。公司团队要确定公司各类产品的价格、确定公司的营销渠道。指导教师要及时发现创业团队的问题并给予建议。

（5）效果检查：选定公司团队，由担任市场营销经理岗位的学生进行汇报。重点汇报公司产品的价格体系及所选择的销售渠道。其余团队评分，记为过程性考核成绩。

（6）教师点评：指导教师围绕汇报内容进行点评，重点点评公司价格策略及渠道策略的合理性及市场吸引力。

子项目 3：制定公司促销策略

任务 1：确定核心产品促销方式

实训教具：教学 A3 用纸、水性笔（黑色）、夹子、Wi-Fi 教学环境。

实训教学形式：分组教学。

任务完成时间：10 分钟。

实训教学过程如下。

（1）布置任务：依据公司的营销策略，明确新创公司运用人员推销、营业推广、广告及公共关系的利弊，确定主要促销方式，并以此制定促销策略。

（2）分组讨论：各学习小组分工合作，可以利用网络资源查询相关资料。

（3）教师巡视：及时解决学生的疑问。

（4）效果检查：选定公司团队，由担任市场营销经理的学生进行汇报。重点汇报促销策略的具体内容和制定依据。其余团队评分，记为过程性考核成绩。

（5）教师点评：指导教师需要点评公司促销策略的科学性及合理性，点评“促销”所能带来的可能结果，也可以点评采取不同的促销方式，可能带来的不同结果。

任务2：制订核心产品促销计划

实训教具：教学A3用纸、水性笔（黑色）、夹子。

实训教学形式：公司团队成员为一个学习小组，进行分组教学。

任务完成时间：15分钟。

实训教学过程如下。

（1）布置任务：运用促销策略，制订新创立公司的促销计划（方案）。

（2）分组讨论：各学习小组讨论如何编制公司的促销计划（方案）。

（3）分发实训教具。

（4）教师巡视：促销计划（方案）可繁可简，建议简要编制促销计划（方案）。明确促销计划的时间、地点、参加人员、经费预算、过程组织、方案实施、效果估计、突发事件预案等内容。指导学生能够较顺利完成本次任务。

（5）效果检查：选定公司团队，由担任市场营销经理的学生进行汇报。重点汇报本公司促销计划（方案）的经费预算、过程组织、方案实施及效果估计等关键因素。其余团队评分，记为过程性考核成绩。

（6）教师点评：指导教师需要点评公司促销计划（方案）的科学性及合理性，点评经费预算、过程组织、方案实施及效果估计等关键因素是否合理。

8.4　创业案例选编

案例一：OP卫浴的市场选择与市场定位

OP卫浴电器（杭州）（以下简称OP卫浴）有限公司是专门从事卫浴电器研发、生产和营销的企业。在市场选择方面，OP卫浴没有多点出击，而是把目光聚焦在了浴室取暖设备市场上，主攻卫浴电器。OP卫浴集中了所有的资源，致力于卫浴电器的开发和推广。OP卫浴的市场选择战略很“小”，但其市场定位却很“高”：集中优势资源，努力建造一个品质卓越、品位高尚、品牌国际化的卫浴电器品牌。OP卫浴先以技术设计和生产管理确保产品的质量，力求生产品质完美的产品。高价值就要保持高价位，因此OP卫浴采用了高价位策略。在决定采用高价位策略的同时，也不断提高产品的价值和附加值，不仅能带给消费者最大限度的品质保障，还能带给代理商合理的利润空间。经过几年的努力，终于成为行业之首。

思考分析：

1. OP卫浴是如何实施其产品定位策略的？
2. 结合拟创立公司的实际情况，谈谈本公司的产品定位策略。

案例二：苹果公司的产品策略

苹果公司是美国的电子科技产品公司。在激烈的市场竞争中，苹果公司认识到要想激流勇进，必须在以下四个方面不懈努力：第一，要不断推出让顾客惊喜的新产品，永远在市场上占有一定的份额；第二，新产品的开发必须注意其时效性和周期性，以保证其产品永不落后；第三，以顾客为导向，在质量管理上力求完善，将顾客的不满降为零；第四，合理任用优秀人才，规定每名员工一年不少于40小时培训。

思考分析：

1. 你认为苹果公司的产品策略成功的基础是什么？
2. 结合拟创立公司的实际情况，谈谈本公司的产品研发规划。

8.5 创业明星

姜萌萌，是济宁职业技术学院2012届经济管理系会计电算化专业毕业生，于2014年创办了济宁博林科技有限公司。

在校学习期间，姜萌萌积极参加经管系举办的大学生创业教育，以及学校创业大赛，并取得优异成绩。从这些活动中她对创业所需要的企业管理知识、企业财务知识、市场营销知识有了一定程度的了解和掌握。

在校期间，她充分利用业余时间到济宁相关企业进行实践锻炼。毕业后，在济宁市一家规模较大的电商公司实习，实习期满，开始独立开展业务活动。一年后，注册成立了济宁博林科技有限公司，主要从事电子商务业务。基于对济宁市电商行业发展的趋势预测，利用“互联网+”的思维，2016年，姜萌萌开始涉足医药、物流等领域，取得了不菲的成绩。

8.6　实训练习

结合行业特点，选择一家企业，综合运用市场营销策略，为该企业制定市场营销策划方案。

项目九
企业财务分析

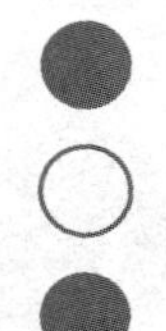

9.1 素质要求

【知识目标】

（1）了解企业财务的基本知识。

（2）理解资产负债表的结构，掌握资产负债表计算方法和填制方法。

（3）理解利润表的结构，掌握利润表计算方法和填制方法。

（4）理解现金流量表的结构，掌握现金流量表填制方法。

【能力目标】

（1）提高学生对会计信息整合的认识。

（2）使学生能够独立完成资产负债表、利润表、现金流量表的编制。

（3）通过在课堂中对各项任务的完成，逐步培养学生自主学习的能力、收集和处理信息的能力及分析和解决问题的能力。

【素养目标】

（1）培养学生创新和探索未知的意识。

（2）培养学生遵守财会相关制度，在会计岗位上能具有严谨的工作态度和务实的工作方法。

9.2 理论知识梳理

9.2.1 专业名词

（1）**资产负债表**也称财务状况表，表示企业在一定日期（通常为各会计期末）的财务状况（即资产、负债和所有者权益的状况）的主要会计报表，资产负债表利用会计平衡原则，将合乎会计原则的资产、负债、股东权益交易科目分为“资产”和“负债及所有者权益”两大区块，再经过分录、转账、分类账、试算、调整等会计程序后，以特定日期的静态企业情况为基准，浓缩成一张报表。

（2）**利润表**是反映企业在一定会计期间经营成果的报表。由于它反映的是某一期间的情况，所以又被称为动态报表。有时，利润表也称为损益表、收益表。

（3）**现金流量表**是反映企业在一定会计期间现金和现金等价物流入和流出的报表。现金流量表是以现金及现金等价物为编制基础，以收付实现制为原则，定期编制、反映企业现金流量信息的会计报表。现金流量表是原先财务状况变动表或者资金流动状况表的替代物。它详细描述了由公司的经营、投资与筹资活动所产生的现金流。

（4）**企业盈利能力**是指企业获取利润的能力，也称企业的资金或资本增值能力，通常表现为一定时期内企业收益数额的多少及其水平的高低。盈利能力指标主要包括营业利润率、成本费用利润率、盈余现金保障倍数、总资产报酬率、净资产收益率和资本收益率 6 项。

（5）**企业偿债能力**是指企业用其资产偿还长期债务与短期债务的能力。企业有无支付现金的能力和偿还债务能力，是企业能否生存和健康发展的关键。企业偿债能力是反映企业财务状况和经营能力的重要标志。偿债能力是企业偿还到期债务的承受能力或保证程度，包括偿还短期债务和长期债务的能力。

（6）**资产负债率**是期末负债总额除以资产总额的百分比，也就是负债总额与资产总额的比例关系。资产负债率反映在总资产中有多大比例是通过借债来筹资的，可以衡量企业在清算时保护债权人利益的程度。资产负债率这个指标反映债权人所提供的资本占全部资本的比例，也被称为举债经营比率。

（7）**资金利润率**是指企业利润总额对企业全部资金平均占用额的比率，又称资产报酬率。它是衡量企业对所有经济资源的运用效率的指标。

（8）**投资回报率**是指通过投资而应返回的价值，企业从一项投资性商业活动的投资中得到的经济回报。它涵盖了企业的获利目标。利润和投入的经营所必备的财产相关，因为管理人员必须通过投资和现有财产获得利润。投资回报率也称“投资的获利能力”，它是全面评价投资中心各项经营活动、考评投资中心业绩的综合性质量指标。它既能揭示投资中心的销售利润水平，又能反映资产的使用效果。

（9）**固定资产**是指企业为生产产品、提供劳务、出租或者经营管理而持有的、使用时间超过 12 个月的，价值达到一定标准的非货币性资产，包括房屋、建筑物、机器、机械、运输工具以及其他与生产经营活动有关的设备、器具、工具等。固定资产是企业的劳动手段，也是企业赖以生产经营的主要资产。从会计的角度划分，固定资产一般被分为生产用固定资产、非生产用固定资产、租出固定资产、未使用固定资产、不需用固定资产、融资租赁固定资产、接受捐赠固定资产等。

（10）**流动资产**是指企业可以在一年或者超过一年的一个营业周期内变现或者动用的资产，是企业资产中必不可少的组成部分。流动资产在周转过程中，从货币形态开始，依次改变其形态，最后又回到货币形态（货币资金→储备资金→固定资金→生产资金→成品资金→货币资金）。各种形态的资金与生产流通紧密结合，周转速度快，变现能力强。

（11）**生产成本**也称制造成本，是指生产活动的成本，即企业为生产产品而发生的成本。生产成本是生产过程中各种资源利用情况的货币表示，是衡量企业技术和管理水平的重要指标。

（12）**费用**是企业在日常活动中发生的会导致所有者权益减少的、与向所有者分配利润无关的经济利益的总流出。会计费用包括直接费用、间接费用和期间费用。期间费用又包括销售费用、管理费用和财务费用。

9.2.2 理论体系

1. 资产负债表及其相关理论

资产负债表是反映企业在某一特定日期财务状况的报表。由于它反映的是某一时间点的情况，所以又称静态报表。资产负债表主要提供有关企业财务状况方面的信息。通过资产负债表，可以提供某一日期资产的总额及其结构，表明企业拥有或控制的资源及其分布情况，即有多少资源是流动资产、有多少资源是非流动资产。资产负债表可以提供某一日期的负债总额及其结构，表明企业未来需要用多少资产或劳务清偿债务以及清偿时间，即流动负债有多少、非流动负债有多少、非流动负债中有多少需要用当期流动资金进行偿还等。资产负债表可以反映所有者所拥有的权益，据以判断资本保值、增值的情况以及对负债的保障程度。资产负债表还可以提供进行财务分析的基本资料，如将流动资产与流动负债进行比较，计算出流动比率，将速动资产与流动负债进行比较，计算出速动比率等。资产负债表可以表明企业的变现能力、偿债能力和资金周转能力，从而有助于会计报表使用者做出经济决策。资产负债表的内容结构以“资产 = 负债 + 所有者权益”这一会计基本等式为基础，实际上揭示的是企业某一特定时点上所拥有的经济资源与所承担的经济义务之间的对应关系。

1）资产负债表的作用

编制资产负债表的主要目的是将企业的财务状况提供给企业财务信息的使用者，使他们了解到企业的资产规模和结构、负债与所有者权益的规模和结构，从而分析和判断企业的经济实力、偿债能力及企业经营的安全性等，为决策提供依据。

（1）资产负债表揭示的企业资产规模和结构，有助于报表使用者分析判断企业的经济实力、变现能力、偿债能力和资产质量。资产负债表所提供的企业所拥有的资产总量，对于判断企业的经济实力具有重要意义。

（2）资产负债表揭示的企业资本规模和结构，有助于报表的使用者进一步分析判断企业经营的安全性等。从企业资本规模的角度来看，企业资本的总额，即“负债 + 所有者权益”决定着企业的资产总量，进而决定着企业的经济实力。

（3）将企业不同时期的资产负债表进行纵向比较，可以判断企业财务状况的发展趋势；将资产负债表所揭示的财务状况与利润表、现金流量表所揭示的信息结合起来分析，则有助于对企业整体的财务状况和经营情况做出更为准确的判断。

2）资产负债表的格式

资产负债表根据“资产 = 负债 + 所有者权益”的平衡关系要求，一方面要反映企业在某一时点所持有的不同形态的资产价值；另一方面要反映企业在该时点所承担的偿付责任和偿债后应归属于投资者的权益。因此，资产负债表的结构是按照资产、负债和所有者权益的排列形式不同划分的。资产负债表按结构不同分为报告式资产负债表和账户式资产负债表。目前我国采用的是账户式资产负债表。

（1）账户式资产负债表。资产负债表又称平衡式资产负债表，是将资产项目列在报表的左方，负债和所有者权益项目列在报表的右方，犹如会计中“T”形账户的左右分列。账户式资产负债表的平衡关系体现在左方的资产总额等于右方负债和所有者权益总额的合计，是左右两方的平衡。

即

$$资产 = 负债 + 所有者权益$$

（2）固定资产归集。固定资产归集就是将创业初期可能发生的固定资产投资进行汇总，主要包括生产工具和设备、办公家具、电子通信设备、交通工具、店铺 / 厂房等项目。固定资产归集数据是编制利润表、现金流量表的重要信息。固定资产汇总表见表 9-1。

表 9-1　固定资产汇总表

单位：元

项　目	原　值	月折旧率 / %	月折旧金额	备　注
生产工具和设备				
办公家具				
电子通信设备				
交通工具				
店铺 / 厂房				
合 计				
备注	以直线折旧率法计提折旧； 月折旧率 =1/ 折旧年数 /12			

3）原材料 / 商品采购成本归集

原材料 / 商品采购成本归集就是将创业初期可能发生的原材料采购成本进行汇总，一般按月份汇总。原材料 / 商品采购成本汇总表见表 9-2。

表 9-2　原材料 / 商品采购成本汇总表

名称	数量 / 个	单价 / 元	总价 / 元
原材料一			
原材料二			
原材料三			
……			
合计			

4）销售与管理费用归集

销售与管理费用归集就是将创业初期可能发生的销售费用、管理费用与财务费用进行归集汇总，一般按月份汇总。销售与管理费用汇集数据也是编制利润表、现金流量表的重要信息。销售与管理费用汇总表见表 9-3。

表 9-3 销售与管理费用汇总表

单位：元

类别	科目	金额
销售费用	宣传推广费用	
管理费用	场地租金	
	员工薪酬	
	办公用品及耗材	
	水费	
	电、暖费用	
	交通差旅费	
	其他	
财务费用	利息等	

2. 利润表及其相关理论

利润表是企业财务会计报表的主要内容之一，是反映企业一定会计期间的经营成果的财务会计报表。所谓经营成果是指企业经过一定时期的经营所取得的全部收入抵减全部支出后的差额。通过利润表，可以反映企业在一定会计期间收入、费用、利润（或亏损）的数额与构成情况，帮助财务报表使用者全面了解企业的经营成果，分析企业的获利能力及盈利增长趋势，从而为其做出经济决策提供依据。

1）利润表的作用

编制利润表的主要目的是将企业一定会计期间的经营成果提供给企业财务报表使用者，使他们了解企业的经营业绩、盈利的规模与结构，从而分析企业的获利能力，判断对企业投资的风险与报酬等，为决策提供依据。

（1）利润表揭示企业一定会计期间的经营成果，有助于报表使用者了解企业的经营业绩，从而进一步分析判断企业的盈利能力。

（2）利润表揭示企业利润的结构，有助于报表使用者分析企业盈利的质量，判断盈利的稳定性、趋高性。利润表可以提供企业的一定会计期间利润的收支结构，即不同性质的收入、支出的具体情况；还可以提供利润的业务构成，即利润总额中营业利润及营业外收支的具体情况，如营业利润中日常经营活动的收支情况、资产减值损失、对外投资的收益或损失等。

（3）将企业不同时期的利润表进行纵向比较，可以判断企业利润的变动趋势；将利润表所揭示的企业盈利状况与资产负债表、现金流量表所揭示的信息结合起来分析，则有助于对企业的盈利状况及盈利的质量等有一个更准确的判断。

2）利润表的格式

利润表按照净利润形成的主要环节将各项收入与相关成本费用项目按不同性质归类，形成各种净收入，最后计算企业的净利润或净亏损数额。这种格式注重了收入与成本费用配比的层次性，从而得出一些中间性的利润数据。

利润表的具体结构主要包括主营业务收入、营业利润、净利润等方面。

主营业务收入是指企业经常性的、主要业务所产生的基本收入，如制造业的销售产品、非成品和提供工业性劳务作业的收入；商品流通企业的销售商品收入；旅游服务业的门票收入、客户收入、餐饮收入等。

其他业务收入是指企业主营业务收入以外的所有通过销售商品、提供劳务收入及让渡资产使用权等日常活动中所形成的经济利益的流入。如材料物资及包装物销售、无形资产使用权实施许可、固定资产出租、包装物出租、运输、废旧物资出售收入等。

主营业务成本是指公司生产和销售与主营业务有关的产品或服务所必须投入的直接成本，主要包括原材料、人工成本（工资）和固定资产折旧等。

营业税金及附加是反映企业经营主要业务应负担的消费税、城市维护建设税、资源税和教育费附加等。实行新税制后，会计上规定应交增值税不再计入“主营业务税金及附加”项，无论是一般纳税企业还是小规模纳税企业均应在“应交增值税明细表”中单独反映。

销售费用是指市场营销管理部门为组织和促进产品销售活动而发生的各项费用。

管理费用是指企业行政管理部门为组织和管理生产经营活动而发生的各项费用。管理费用属于期间费用，在发生的当期就计入当期的损失或是利益。

财务费用指企业在生产经营过程中为筹集资金而发生的筹资费用，包括企业生产经营期间发生的利息支出（减利息收入）、汇兑损益（有的企业如商品流通企业、保险企业进行单独核算，不包括在财务费用里）、金融机构手续费，以及企业发生的现金折扣或收到的现金折扣等。

营业利润是指营业收入减去营业成本（主营业务成本、其他业务成本）、营业税金及附加、销售费用、管理费用、财务费用、资产减值损失，再加上公允价值变动收益、投资收益，即营业利润。

利润总额是指营业利润加上营业外收入，再减去营业外支出，即利润总额。

净利润是指利润总额减去所得税费用，即净利润。

利润表见表 9-4。

表 9-4　利润表

<table>
<tr><th colspan="2">项目</th><th>1月</th><th>2月</th><th>3月</th><th>4月</th><th>5月</th><th>6月</th><th>合计</th></tr>
<tr><td colspan="2">一、主营业务收入</td><td></td><td></td><td></td><td></td><td></td><td></td><td></td></tr>
<tr><td colspan="2">加：其他业务收入</td><td></td><td></td><td></td><td></td><td></td><td></td><td></td></tr>
<tr><td colspan="2">减：营业成本</td><td></td><td></td><td></td><td></td><td></td><td></td><td></td></tr>
<tr><td colspan="2">减：营业税金及附加（按 5.5% 计算）</td><td></td><td></td><td></td><td></td><td></td><td></td><td></td></tr>
<tr><td colspan="2">销售费用</td><td></td><td></td><td></td><td></td><td></td><td></td><td></td></tr>
<tr><td rowspan="6">减：管理费用</td><td>场地租金</td><td></td><td></td><td></td><td></td><td></td><td></td><td></td></tr>
<tr><td>职工薪酬</td><td></td><td></td><td></td><td></td><td></td><td></td><td></td></tr>
<tr><td>办公用品</td><td></td><td></td><td></td><td></td><td></td><td></td><td></td></tr>
<tr><td>水、电、交通差旅费</td><td></td><td></td><td></td><td></td><td></td><td></td><td></td></tr>
<tr><td>固定资产折旧</td><td></td><td></td><td></td><td></td><td></td><td></td><td></td></tr>
<tr><td>其他费用</td><td></td><td></td><td></td><td></td><td></td><td></td><td></td></tr>
<tr><td colspan="2">减：财务费用（如利息）</td><td></td><td></td><td></td><td></td><td></td><td></td><td></td></tr>
<tr><td colspan="2">二、营业利润</td><td></td><td></td><td></td><td></td><td></td><td></td><td></td></tr>
<tr><td colspan="2">减：所得税费用（25%）</td><td></td><td></td><td></td><td></td><td></td><td></td><td></td></tr>
<tr><td colspan="2">三、净利润</td><td></td><td></td><td></td><td></td><td></td><td></td><td></td></tr>
</table>

3）关于利润表的说明

（1）为方便学生计算，本利润表设置为半年期的利润表，再增加半年期即为年度利润表。

（2）利润表中，主营业务收入 + 其他业务收入 = 收入。

（3）利润表中，营业成本 + 营业税金及附加 + 销售费用 + 管理费用 + 财务费用 = 成本（费用）。

（4）收入 - 成本 = 营业利润。

3. 现金流量表的作用

现金流量表提供一定时期现金流入和流出的动态财务信息，表明企业在报告期内由经营活动、投资和筹资活动获得多少现金及企业获得的这些现金是如何运用的，并说明资产、负债、净资产变动的原因，是对资产负债表和利润表起到补充说明的作用。现金流量表是连接资产负债表和利润表的桥梁。

1）现金流量表的作用

（1）现金流量表能够说明企业一定期间内现金流入和流出的原因。现金流量表将现金流量划分为经营活动、投资活动和筹资活动所产生的现金流量，并按照流入现金和流出现金项目分别反映。

（2）现金流量表能够说明企业的偿债能力和支付股利的能力。通过现金流量表能够了解企业现金流入的构成，分析企业偿债和支付股利的能力，增强投资者的投资信心和债权人收回债权的信心；通过现金流量表，投资者和债权人可了解企业获取现金的能力和现金偿付的能力。

（3）现金流量表可以用来分析企业未来获取现金的能力。现金流量表中的经营活动产生的现金流量，代表企业运用其经济资源创造现金流量的能力；投资活动产生的现金流量，代表企业运用资金产生现金流量的能力；筹资活动产生的现金流量，代表企业筹资获得现金流量的能力。通过现金流量表及其他财务信息，可以分析企业未来获取或支付现金的能力。

（4）现金流量表可以用来分析企业投资和理财活动对经营成果和财务状况的影响。

（5）现金流量表能够提供不涉及现金的投资和筹资活动的信息。现金流量表除了反映企业与现金有关的投资和筹资活动，还通过补充资料（附注）方式提供不涉及现金的投资和筹资活动。

2）现金流量表的格式

现金流量表（表 9-5）采用报告式的结构，分类反映经营活动产生的现金流量、投资活动产生的现金流量和筹资活动产生的现金流量，最后汇总反映企业现金及现金等价物净增加额。

表 9-5　现金流量表

单位：元

		1月	2月	3月	4月	5月	6月	合计
月初现金余额								
现金流入	现销收入							
	赊销回款							
	股东投入现金							
	借贷现金							
	其他现金收入							
现金流入小计								

续表

		1月	2月	3月	4月	5月	6月	合计
现金流出	生产成本 / 采购成本							
	销售提成							
	宣传推广费							
	营业税金及附加							
	场地租金							
	职工薪酬							
	办公用品							
	水电暖交通差旅费							
	固定资产							
	借贷还款支出							
	利息支出							
	其他支出							
现金流出小计								
净现金流量								
月底现金余额								

3）关于公司现金流量表的说明

（1）为方便学生计算，本现金流量表设置为半年期的现金流量表。此外，再增加半年期即为年度现金流量表。

（2）以表 9-5 为例，1 月份的月初现金余额为“0”；1 月份股东投入现金为启动资金；1 月份固定资产为固定资产月折旧值，其他各月固定资产均为固定资产月折旧值。

（3）1 月份的月底现金余额为 2 月份的月初现金余额，以此类推。

（4）如出现月底现金余额 <0 的情况，则需要从银行“借贷现金”，“利息支出”可以以 1% 的月利率计息，确保月底现金余额 >0。

（5）现金流入 = 现销收入 + 赊销回款 + 股东投入现金 + 借贷现金 + 其他现金收入。

（6）现金流出 = 生产成本 / 采购成本 + 销售提成 + 宣传推广费 + 营业税金及附加 + 场地租金 + 职工薪酬 + 办公用品 + 水电暖交通差旅费 + 固定资产 + 借贷还款支出 + 利息支出 + 其他支出。

（7）现金流入小计 = 月初现金余额 + 现金流入。

（8）现金流出小计 = 现金流出总额。

（9）净现金流量 = 现金流入小计 - 现金流出小计。

（10）月底现金余额 = 净现金流量。

（11）如某些项目未发生现金流入、现金流出，以“0”标识对应项。

9.3 任务内容

子项目1：认识资产负债表，汇总本公司的固定资产及成本费用

任务1：归集本公司的固定资产

实训教具：多媒体教学、固定资产汇总表。

实训教学形式：分组教学。

任务完成时间：10分钟。

实训教学过程如下。

（1）布置任务：依据所学内容，归集本公司的固定资产。

（2）分组讨论：各学习小组分组讨论，依次完成教学任务。

（3）教师巡视：依照表9-1固定资产汇总表的基本格式，逐一提醒各项目的数据来源，明确依照直线折旧率法计提折旧，设备使用年限均假设为5年。及时发现学生问题，并给予指导。

（4）效果检查：选定公司团队，由担任公司财务经理的学生进行汇报。其余团队评分，记为过程性考核成绩。

（5）教师点评：指导教师点评该公司各项目固定资产原值是否合理，计算是否有误。

任务2：汇总本公司的原材料采购成本及费用

实训教具：多媒体教学、教学用纸、原材料采购成本汇总表及销售与管理费用汇总表。

实训教学形式：分组教学。

任务完成时间：15分钟。

实训教学过程如下。

（1）布置任务：依据所学内容，汇总本公司的原材料采购成本及费用。

（2）分组讨论：各学习小组分组讨论，依次完成教学任务。

（3）教师巡视：依照表 9-2 原材料 / 商品采购成本汇总表的基本格式，逐一提醒各项目的数据来源。为便于计算，建议采购的原材料 / 商品不超过两种，不要涉及太多的原材料 / 商品。及时发现学生其他的问题，并给予指导。

（4）效果检查：选定公司团队，由团队财务经理汇报表格填列情况。其余团队评分，记为过程性考核成绩。

（5）教师点评：指导教师点评该公司采购的原材料 / 商品价格是否合理，数量是否合理。提醒学生：不要有太多库存原材料 / 商品。

子项目 2：编制利润表

任务 1：认知利润表

实训教具：多媒体教学、利润表样表。

实训教学形式：分组教学。

任务完成时间：10 分钟。

实训教学过程如下。

（1）布置任务：认知利润表，了解利润表的格式、组成及内容。

（2）分组讨论：各学习小组分工合作，完成教学任务。

（3）教师巡视及注意问题：学生对利润表的了解较少，要完成本任务需要老师的详细讲解。指导教师需要依照利润表的“项目”，从上到下逐一讲解，并进行适度归集。对非经济管理类学生来说，不宜拓展该学习内容。

（4）教学互动：指导教师与公司团队成员进行教学互动，设置一些问题，让不同的学生进行较详细的阐述，了解学生对利润表的认知程度。

任务 2：编制利润表

实训教具：多媒体、教学用 A3 纸、利润表样表。

实训教学形式：分组教学。

任务完成时间：15 分钟。

实训教学过程：

（1）布置任务：通过任务 1 的学习，填写本公司利润表相关数据，编制利润表。

（2）分组讨论：各学习小组分工合作，完成教学任务。

（3）教师巡视：指导学生依照利润表中的项目，从上到下逐一填报数据，可以适度简化。教师要及时发现问题，并为学生进行答疑。

（4）效果检查：选定公司团队，由担任公司财务经理岗位的学生汇报表格填列情况。重点汇报各项目数据来源是否正确，计算数据是否有误，其余团队评分，记为过程性考核成绩。

（5）教师点评：指导教师点评该公司利润表各项目数据来源是否正确，计算数据是否有误，汇报是否清晰。

子项目3：编制现金流量表

任务1：认知现金流量表

实训教具：多媒体、现金流量表样表。

实训教学形式：分组教学。

任务完成时间：10分钟。

实训教学过程如下。

（1）布置任务：认知现金流量表，了解现金流量表的格式、组成及内容。

（2）分组讨论：各学习小组分工合作，完成教学任务。

（3）教师巡视及注意问题：编制现金流量表是创新创业教育中最困难的教学内容之一。学生普遍对现金流量表的认知比较浅显，几乎不能理解编制现金流量表的意义。指导教师既要详细讲解现金流量表的意义，又要对照利润表讲解编制现金流量表的方法。指导教师要依照现金流量表的项目，从上到下逐一讲解，并进行适度归集。对非经济管理类学生来说，不宜拓展该学习内容。

（4）教学活动：指导教师与公司团队成员进行教学互动，设置一些问题，让不同的学生进行较详细的阐述，了解学生对现金流量表的认知程度。

任务2：编制现金流量表

实训教具：多媒体、黑板、教学用纸、填列现金流量表相关数据。

实训教学形式：分组教学。

任务完成时间：15分钟。

实训教学过程如下。

（1）布置任务：通过任务1的学习，填写本公司现金流量表相关数据，学习编制现金流量表。

（2）分组讨论：各学习小组分工合作，完成教学任务。

（3）教师巡视：指导学生依照现金流量表的项目，从上到下逐一填报数据，可以适度简化。及时发现问题，并给予答疑。

温馨提示：对照利润表，比较利润表及现金流量表的差异。

（4）实训效果检查：选定公司团队，由担任公司财务经理岗位的学生汇报数据填报情况，并说明数据来源。重点汇报各项目数据来源是否正确，计算数据是否有误，其余团队评分，记为过程性考核成绩。

（5）教师点评：指导教师点评该公司现金流量表各项目数据来源是否正确，计算数据是否有误，汇报是否清晰。

9.4　创业案例选编

案例一：七匹狼从乡镇小企业成长为上市公司的故事

1985 年，福建晋江金井出现了一家名为晋江金井劳务侨乡服装工艺厂的小企业，这就是七匹狼的雏形。创始人周少雄从开始只是做些买卖布料等小买卖，到后来慢慢积累，开办了服装厂。

在经营过程中，周少雄发现，当地的服装价格与海外那些有商标的服装价格差距很大，为什么不能靠自己的力量创出一个国产品牌呢？于是，周少雄与同伴共 7 人坐在一起，经过一番激烈的争论，最后选定了品牌主题——狼！因为狼是非常有团队精神的动物，具有机灵敏捷、勇往直前的个性，而这些都是企业家创业成功不可缺少的素质。

“七匹狼”夹克进入上海“华联”“一百”等一线百货大楼，取得非常好的销售成绩。但很快，市场上就出现了不少仿冒者，这在当时的服装市场上是非常普遍的现象，何况七匹狼也并非什么声名显赫的大牌，但周少雄却以此为机会，大张旗鼓进行打假，将数家仿冒者告上法庭，一时间“真假狼之战”成了上海、北京、广州等地媒体的头版新闻，七匹狼因此而声名大振。打假事件让他深知品牌的重要性。2001 年，积蓄了数年实力后，七匹狼重新风靡全国。据当年全国商业信息及原国家内贸部统计局的数据表明，七匹狼的夹克市场占有率位居全国第一。2002 年，周少雄再次向业内展示了自己的雄心，力邀齐秦为形象代言人，从而将这一年的明星代言热潮推向了一个新的高度。2004年，福建七匹狼实业股份有限公司成为深市中小板第九只上市股票，这也是福建省第一家在深圳中小企业板块挂牌上市的公司。

思考分析：

1. 从本案例看小企业发展过程中将面临哪些风险？

2. 企业在发展的不同阶段可能面对不同的危机，结合本案例分析“七匹狼”所面对的危机及策略。

案例二：丁志忠的“安踏鞋业”

农村少年丁志忠，初中还没毕业就在福建晋江沿海的一个小镇的制鞋作坊当学徒。20年后，丁志忠创立了安踏（中国）有限公司。

丁志忠是从北京的“大康鞋城”卖鞋起家的，靠着勤奋、诚实、守信，不辞劳苦，挨家挨户推销自己的产品，丁志忠赚下了人生的第一桶金。1994年，丁志忠成立了安踏制鞋厂，他在销售方面充分展示了自己的才能，选择了乒乓球世界冠军孔令辉作为自己品牌的代言人，打造出属于自己的知名品牌。2007年7月10日，安踏在香港成功上市，筹资31.7亿港元。丁志忠品牌战略和营销战略的成功运作，使安踏运动鞋连续8年位居国内榜首。

思考分析：

1. 请谈一下品牌战略的重要性。

2. 结合本案例，谈谈对你有什么启发。

9.5 创业明星

刘某静，是济宁职业技术学院2010届工程造价专业毕业生，于2015年创办济宁市恒信工程造价有限公司，随着每年业务量不断增加，刘某静凭着扎实的业务能力和良好的口碑，不断扩大公司的业务范围，将公司打造为一家小而精的优质公司。

刘某静在校学习期间，成绩优异，专业扎实，并担任学生干部，学习期间认真负责、勤劳肯干，同时又注重团队合作，培养了较强的策划与组织管理协调能力。

刘某静毕业后在一家造价咨询公司工作，工作认真负责，技术扎实过硬，被公司评为优秀员工，受到嘉奖。后来刘某静带着创业的梦想，自己注册成立了济宁市恒信工程造价有限公司，从事造价咨询相关业务。

9.6 实训练习

结合新创立公司的财务数据，完善利润表、现金流量表。

项目十

编制创业计划书

10.1 素质要求

【知识目标】

（1）熟悉编制创业计划书的流程。

（2）掌握编制创业计划书的方法和技巧。

【能力目标】

能够熟练运用所学知识，科学编制新创公司的创业计划书。

【素养目标】

通过系统学习，具备必要的创业精神及创业素质。

10.2 理论知识梳理

10.2.1 专业名词

（1）**创业计划书**是一份全方位的商业计划，其主要用途是递交给投资商，以便于他们能对企业或项目做出评判，从而使企业获得融资。它用于描述与拟创办企业相关的内外部环境条件和要素特点，为业务的发展提供指示图和衡量业务进展情况的标准。通常创业计划是结合市场营销、财务、生产、人力资源等职能计划的综合体。

（2）**商业模式**是一个企业满足消费者需求的系统，这个系统组织管理企业的各种资源（如资金、原材料、人力资源、作业方式、销售方式、信息、品牌和知识产权、企业所处的环境、创新力等），形成能够提供消费者无法自给而必须购买的产品和服务，并产生可持续盈利的要素，具有自己能复制但不能被他人复制的特性。

（3）**市场营销组合策略**是指企业针对目标市场的需要，综合考虑各种市场因素，制定产品策略、价格策略、渠道策略、促销策略，以实现经营目标。

（4）**资金需求**是企业为满足正常生产经营需要，预测未来所需要的资金量。

（5）**资金来源**是指企业、机关、事业单位或其他经济组织等所拥有的资金从一定渠道取得或形成的来源。

（6）**股权结构**是指股份公司总股本中，不同性质的股份所占的比例及其相互关系。公司股本结构一般由国家股、法人股、外资股、职工股、社会公众股中的几种或一种形式构成。新创企业的股本结构主要是指投资人所占的股份份额。

（7）**利润预测**是指在销售预测的基础上，根据企业未来发展目标及经营情况，对企业未来可望实现的利润水平作出的预计和测算。

（8）**企业现金流预测**是对未来一段时间内企业现金的流出与流入进行预测。企业现金流可以按月、按季、按半年或按一年的时间段进行预测。

（9）**财务风险**是指在各项财务活动过程中，由于各种难以预料或控制的因素影响，财务状况具有不确定性，从而使企业有蒙受损失的可能性。按财务活动的主要环节，可以分为流动性风险、信用风险、筹资风险、投资风险。按可控程度分类，可分为可控风险和不可控风险。

（10）**技术风险**是指由于技术的新旧替代所带来的风险。如由于采取了新的生产技术、新的加工方法、新的工艺流程而需要淘汰传统技术所带来的风险。

（11）**管理风险**是指由于管理者的素质、企业组织结构、企业文化、企业管理过程出现了问题而给企业带来损失的风险。

（12）**市场风险**是指因为多种因素的影响和变化，导致投资者风险增大，从而给投资者带来损失的可能性。

（13）**产品质量风险**是指由于产品设计考虑不周、生产技术水平不够、生产过程把关不严等原因所造成的质量不确定性风险。

（14）**环保风险**是指由于满足环保法规要求而增加新的资产投入或迫使经营项目停产导致企业受到损失的风险。

（15）**法律风险**是指由于在法律范围内无效而无法履行经济合同或由于经济合同订立不当等原因导致企业受到损失的风险。

10.2.2　理论体系

1. 创业计划书的框架结构和内容

创业计划书的框架结构一般包括执行摘要、市场分析、公司组织结构、公司投资及融资管理、营销战略、财务分析、风险分析与防范、企业愿景和附件等几个方面，如图 10–1 所示。

目录

1. 执行摘要

1.1 公司概况

1.2 注册资金

1.3 商业模式

1.4 投资收益预测

2. 市场分析

2.1 目标客户分析

2.2 市场竞争分析

2.3 SWOT 分析

2.4 市场定位

2.5 产品定位

3. 公司组织结构

3.1 公司组织结构

3.2 部门职责

3.3 公司团队建设

3.4 公司管理制度

3.5 企业文化

4. 公司投资及融资管理

4.1 固定资产投资

4.2 原材料采购成本

4.3 费用归集

4.4 启动资金需求预测

4.5 股份募资

5. 营销战略

5.1 产品策略

5.2 定价策略

5.3 渠道策略

5.4 促销策略

5.5 公司营销模式

6. 财务分析

6.1 销售预测

6.2 利润预测

6.3 现金流量表

7. 风险分析与防范

7.1 风险分析

7.2 风险防范策略

8. 企业愿景

9. 附件

图 10–1 创业计划书的框架结构

2. 编制创业计划书应注意的问题

（1）封面设计要求。封面的设计要集简约与艺术于一体，包含公司基本信息，体现公司的经营范围。

（2）公司概况表述要求。这部分重点表述公司的必要信息，包括公司名称、公司地址、经营范围、产品概括、市场机会等信息。

（3）确定注册资金的技巧。以略微高于启动资金额为宜，一般注册资金与营业执照的金额是一致的。注册资金较少，表明公司财力不强；注册资金过大，可能会造成公司机会损失较大。

（4）商业模式的选择。其主要表述为公司的盈利点（盈利模式），即公司可能以哪些方式盈利。

（5）收益预测。一般用投资利润率指标来表述预期收益，不同行业的利润率是不同的。一般说来，服务行业的利润率较高，可能会超过25%；工业企业的利润率较低，可能会低于10%；社会行业利润率一般被认为在15%左右。

（6）市场分析的要点。目标客户分析主要分析客户的年龄、职业、收入、消费心理、消费习惯等群体信息；市场竞争分析注重分析直接竞争者的市场策略及营销组合策略和潜在竞争者的潜在威胁；SWOT分析主要是对机会、威胁、优势、劣势的分析，其中机会、威胁因素是指公司外部的影响因子，优势、劣势是指公司内部的影响因子。在以上分析的基础上，明确本公司的市场定位和产品定位。

（7）公司组织结构的要点。一般建议新创公司组织结构选择直线职能制组织结构，并以此设定部门职责。一般服务型新创公司要包括财务部、市场部、售后服务部、行政办公室等基本部室；生产型新创公司除包括服务型新创公司的基本部室外，还要包括技术部、生产部等基本部室。要从公司特色管理制度中凝练公司文化，体现公司的发展理念。

（8）公司投资及融资管理的要点。固定资产投资主要是租赁或建造经营场所、购置办公家具、购买必要的设备和运输工具等的支出。固定资产投资是一项较大的开支，建议以“够用”为原则，量力而行。原材料采购成本主要是采购原材料或零配件的支出项，要注意采购的规模经济性和储存成本的关联性，以总成本最低为宜。在填报创业计划书时，可以简化为按月需求量采购。

（9）费用归集的要点。费用归集主要包括管理费用、销售费用及财务费用。管理费用一般包括管理人员的工资、办公消耗、水电暖费用、管理人员差旅费等事项支出，简要罗列、粗略预算一下即可；销售费用一般包括销售人员的工资及各种形式的促销费用；财务费用只限于借款利息支出，没有借款，就不要涉及财务费用。

（10）启动资金需求及募集预测。启动资金主要用来满足公司开办、购置固定资产、采购原材料3项费用的支出，建议启动资金稍高于所需资金。所募集的资金基本就是启动资金。

（11）市场营销战略的要点。这部分内容是创业计划书十分重要的部分，能体现出创业团队驾驭市场的能力。

（12）产品策略部分表述产品特性及产品组合，包括采取的商标策略和包装策略；定价策略部分表述定价的依据及定价技巧；渠道策略表述产品进入市场的路径；促销策略表述可以采取哪些途径提高公司或产品的知名度和美誉度。

（13）财务分析。创业计划书中的财务分析简化为销售预测、利润预测、编制现金流量表，不再涉及诸如公司盈利能力分析、偿债能力分析、资金周转分析等财务问题。销售预测着重确定销售量及销售单价；利润预测中的主营业务收入来自销售预测数值，主营业务成本来自原材料 / 商品采购成本数值，所得税费用可以设定为25%；编制现金流量表时，月底现金余额必须大于零，否则就需要从银行“借贷现金”，产生“利息支出”项。

（14）风险分析与防范。创业风险一般来自财务风险、技术风险、管理风险、市场风险、产品质量风险、环保风险及法律风险等方面。防范风险的思路是做好风险防范工作预案。

（15）企业愿景。就是确定公司3～5年的发展目标、8～10年的发展目标，这也是创业计划书所要提及的。

（16）创业计划书的附件。这部分内容主要涉及调查表、数据图或分析报告，起到佐证材料的作用。

3. 创业计划书案例

（注：为避免错误引导，创业计划书的各项内容填写均不完整）

封面：

公司名称：济宁市恒真工程咨询有限公司

【项目负责人】陈某志

【职务】总经理

【公司地址】济宁市金宇路3号

【指导教师】杨文启

【日期】2023.05.09

目录（略）

正文：

1. 执行摘要

1.1　公司概况

公司名称	济宁市恒真工程咨询有限公司
公司类型	☑有限责任公司 □个体工商户 □个人独资企业 □合伙企业 其他___
注册地址	济宁市金宇路3号
主要经营范围	建设项目建议书与可行性研究及投资估算的编制、审核及项目经济评价；工程概算、预算、结算、竣工结（决）算、工程招标标底、投标报价的编制和审核；提供建设项目各阶段工程造价监控及工程索赔业务服务；提供工程造价信息咨询服务；建设项目招标代理业务，政府采购和代理业务；工程造价司法鉴定；与工程造价业务有关的其他业务
产品/服务概况	技术服务、咨询服务、招标代理业务
市场机会	1. 建筑业是国家支柱产业，十万亿级产业群提供了无数的市场机会 2. 行业专业化程度越来越高，为公司拓展业务提供了机会 3. 社会需求度高，现有工程咨询有限公司不能满足行业发展需要 ……

1.2　注册资金

注册资金：30万元

1.3　商业模式

盈利点	1. 技术服务、咨询服务 2. 招标代理业务 3. 条件成熟，提供建设项目各阶段工程造价监控及工程索赔业务服务 ……
商业模式	病毒式营销，即通过客户联系客户，扩大业务量 ……

1.4　投资收益评价

总投资额	10万元	投资收益率			
预期净利润（税后利润）	第一年	第二年		第三年	
		年增长率	20%	年增长率	20%
	4万元	4.8　万元		5.76万元	
备注	投资收益率＝净利润 ÷ 总投资额 ×100%				
	预期净利润—第一年：见经营第一年利润表				
	此表中“总投资额”项的金额等于资金需求合计				

2. 市场分析

2.1　目标客户分析

1. 立足济宁、面向鲁南地区开展技术服务 2. 目标客户为企事业单位、建筑公司等 ……

2.2　市场预测

本公司目标客户明确、分布集中、客户群数量较大。需要通过长期市场营销，提升……预计未来三年市场占有率达到 3% ～ 5%

2.3　竞争分析

1. 竞争对手分析之 ××× 工程咨询有限公司（区域行业龙头企业） 2. 竞争对手分析之 ××× 技术服务有限公司（同行业一般企业） 3. 潜在竞争对手分析 ……

2.4　项目 SWOT 分析

优势（Strength）	1. 公司团队成员均为造价专业毕业生，专业性程度较强 2. 公司有一部分客户资源 3. 由于公司新成立，运营成本较低 ……
劣势（Weakness）	1. 虽然公司团队成员专业性较强，但不能承接较大投资的工程造价咨询 2. 由于公司新成立，行业经验较少 3. 由于公司新成立，缺乏知名度 ……
机遇（Opportunity）	1. 国家支持大学生创业，公司能够享受许多优惠政策 2. 建筑业年产值超过十万亿元，行业机会较多 3. 专业化分工越来越细，适宜大学生创业 ……
威胁（Threat）	1. 建筑业进入常态化发展阶段，行业利润率下降 2. 同类型公司越来越多、竞争日趋激烈 3. 强者更强、弱者更弱，对新创立公司不利 ……

2.5　市场定位

1. 产品定位：质量适宜、低价格定位 2. 竞争定位：采取低成本竞争策略 3. 消费者定位：中小企业或建筑公司 ……

3. 人员与组织结构

3.1　公司组织结构

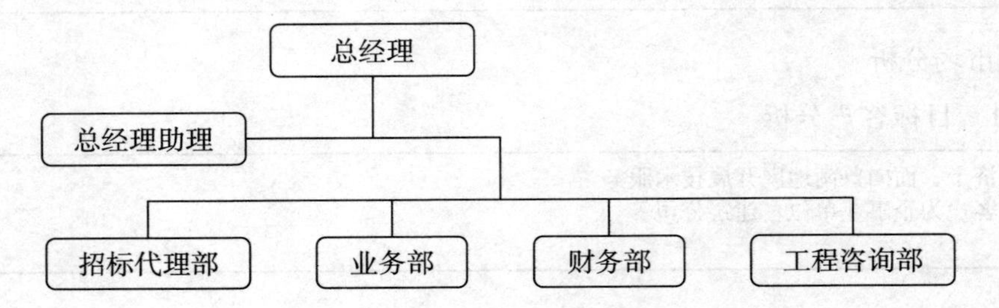

3.2 公司管理团队

姓名	年龄	职务	学历及专业	主要工作经历	优势专长
陈某志	22	总经理	大专 工程造价	……	……
颜某堃	20	招标代理部经理	大专 工程造价	……	……
杨某元	20	业务部经理	大专 工程造价	……	……
孙某营	20	财务部经理	大专 工程造价	……	……
王某旭	19	工程咨询部经理	大专 工程造价	……	……

3.3 部门 / 岗位职责

部门 / 岗位	负责人	职责
总经理	陈某志	负责……工作
招标代理部	颜某堃	负责……工作
业务部	杨某元	负责……工作
财务部	孙某旭	负责……工作
工程咨询部	王某营	负责……工作

3.4 部门制度

根据公司发展规划及工作需要，特制定并颁布《济宁市恒真工程咨询有限公司章程》《济宁市恒真工程咨询有限公司日常管理规定》《济宁市恒真工程咨询有限公司绩效管理办法》……望大家遵照执行。

3.5 公司文化

秉承“投资方利益至上、将工作做到极致”的公司文化理念，广交天下朋友，服务区域建筑业的发展。

4. 公司投资及融资管理

4.1 固定资产表

固定资产表

项目	原值 / 元	月折旧率 / %	月折旧金额 / 元	备注
办公家具	20000	1	2000	假设数据
计算机设备	60000	1	6000	假设数据
工程软件	60000	1	6000	假设数据
交通工具	60000	1	6000	假设数据
店铺 / 厂房	0	0	0	假设数据
合计	200000	1	20000	假设数据

4.2 商品采购成本

商品采购成本（XX 月）

名称	数量 / 个	单价 /（元 / 个）	总价 / 元
×××	…	…	…
……	…	…	…
×××	…	…	…
合计			…

4.3 费用归集

销售与管理费用汇总表（XX 月）

单位：元

类别	科目	金额
销售费用	宣传推广费用	0
管理费用	场地租金	3000
	员工薪酬	15000
	办公用品及耗材	6000
	水费用	400
	电、暖费用	3600
	交通差旅费	2000
	其他	5000
财务费用	利息	0
合计		35000

4.4 启动资金需求表

启动资金需求表

单位：元

类别、项目		金额	备注（对主要费用及其他重要事项说明）
固定资产购置合计		200000	
开办费	工商注册、税务登记费	200	（以当地为准）
	市场调查费、差旅费、咨询费	2000	
	各种许可证审批费用	300	（以当地为准）
	其他费用	3000	
	合计	5500	

续表

类别、项目		金额	备注（对主要费用及其他重要事项说明）
流动资金	原材料 / 商品采购	0	
	场地租金	3000	
	职工薪酬	15000	
	办公用品及耗材费	6000	
	水、电、暖、交通差旅费	6000	
	其他费用	5000	
	合计	35000	
启动资金总计		240500	

4.5　股份募集

筹资总股本为 300000 元，其中

（1）陈某志资金投资 75000 元，占股份 25%；

（2）颜某堃资金投资 60000 元，占股份 20%；

（3）杨某元资金投资 60000 元，占股份 20%；

（4）孙某营资金投资 52500 元，占股份 17.5%；

（5）王某旭资金投资 52500 元，占股份 17.5%。

5. 营销策略

5.1　产品及定价

产品或服务	单位	单位成本 / 元	同类产品市场零售价格	本公司产品价格
工程技术服务			4 元 / 平方米	3 元 / 平方米
招标代理业务			中标金额的 0.015%	中标金额的 0.01%

注：本公司产品价格一栏，如果一年当中产品售价有变化或者多种产品属于同类产品，可按照产品均价计算。

5.2　销售渠道

1. 经营地址	面积 / 平方米	费用或成本 /（元 / 月）	选择该地址的主要原因
济宁市金宇路 3 号	200	租金：3000	物业完善、停车位充足
2. 销售渠道	☑面向最终消费者 □通过零售商 □通过批发商（打√选择）		
选择该销售方的原因	直接面向顾客，容易达成交易		

5.3 宣传推广

推广方式	主要内容	推广费用 / 元 （具体情况具体分析）
广告媒体	暂不做广告媒体宣传	
公关活动	引起社会注意，邀请电台电视台采访，创造新闻热点	6000
网络推广	暂不做网络媒体宣传	
促销活动	利用节假日等特殊时点进行适度促销	6000
合计		12000

6. 财务分析报告

6.1 销售预测

项 目		1 月	2 月	3 月	合计
产品	平均售价 /（元 / 个）				
	销售数量 / 个				
	月收入 / 元	60000	70000	70000	200000

6.2 利润表

利润表（一季度）

单位：元

项目		1 月	2 月	3 月	合计
一、主营业务收入		60000	70000	70000	200000
加：其他业务收入		0	0	0	0
减：主营业务成本		0	0	0	0
减：营业税金及附加（按 5.5% 计算）		0	0	0	0
销售费用		1000	1000	1000	3000
减：管理费用	场地租金	3000	3000	3000	9000
	职工薪酬	15000	15000	15000	45000
	办公用品及耗材费	6000	6000	6000	18000
	水、电、暖、交通差旅费	6000	6000	6000	18000
	固定资产折旧费	20000	20000	20000	60000
	其他费用	5000	5000	5000	15000
减：财务费用（如利息）		0	0	0	0
二、营业利润		4000	14000	14000	32000
减：所得税费用（25%）		1000	3500	3500	8000
三、净利润		3000	10500	10500	24000

6.3　现金流量表

公司现金流量表（一季度）

单位：元

		1月	2月	3月	合计
月初现金余额		0	129000	168000	297000
现金流入	现销收入	60000	70000	70000	200000
	赊销回款	0	0	0	0
	股东投入现金	300000	0	0	300000
	借贷现金	0	0	0	0
	其他现金收入	0	0	0	0
现金流入小计		360000	199000	238000	797000
现金流出	生产成本 / 采购成本	0	0	0	0
	销售提成	0	0	0	0
	宣传推广费	1000	1000	1000	3000
	营业税金及附加	0	0	0	0
	场地租金	3000	3000	3000	9000
	职工薪酬	15000	15000	15000	45000
	办公用品及耗材费	6000	6000	6000	18000
	水、电、暖、交通差旅费	6000	6000	6000	18000
	固定资产折旧费	200000	0	0	200000
	借贷还款支出	0	0	0	0
	利息支出	0	0	0	0
	其他支出	0	0	0	0
现金流出小计		231000	31000	31000	293000
净现金流量		129000	168000	207000	504000
月底现金余额		129000	168000	207000	504000

7. 风险分析及防范

7.1　风险分析

财务风险：由于公司投资规模较小，固定资产投资可控，运营成本较低，现金流充足，发生财务风险的概率极低。

技术风险：由于公司初创，技术力量较薄弱，容易发生技术风险。

管理风险：公司规模较小、人员较少，管理风险较低。

市场风险：建筑业已进入常态化发展阶段，竞争加剧，存在市场风险。

产品质量风险：由于公司是提供技术咨询服务和招标代理服务，属于服务性行业，产品质量风险较低。

环保风险及法律风险：虽然服务性行业环保风险极低，但是也存在一定程度的法律风险。

7.2 风险防范

针对风险较大的影响因素，要制定针对性的防范措施。在技术风险方面，先要承接一些工程量较小的项目，逐步开展工作，不宜盲目拓展业务。在市场拓展方面，注重稳扎稳打，树立公司口碑，不断提升公司的知名度。涉及具体的工程项目，要严格遵守工作流程、依法办事，将法律风险降到最低。

8. 企业的愿景

通过 1 ～ 3 年经营，使公司成为"互联网 + 现代农业"经营的示范者、引领者，处于行业的领先地位。

9. 附件（在申报政府项目时，附件内容是佐证材料，越丰富越好）

无。

10.3 任务内容

项目：编制一份创业计划书。

教学准备：指导教师制作学习创新创业课程的 PPT 课件，内容主要是学生学习创新创业课程过程中的各种瞬间画面，将其组织起来，便于最后播放。

实训教具：创业计划书模板、Wi-Fi 教学环境。

实训教学形式：分组教学。

任务完成时间：60 分钟。

实训教学过程如下。

（1）布置任务：运用所学知识，编制公司创业计划书。

（2）分组讨论：各学习小组可以利用网络教学资源查询相关资料。

（3）分发纸质的创业计划书。

（4）教师巡视及注意问题：本任务为创新创业教育最后一项学习任务。指导教师在教学过程中要完整讲解《创业计划书》的组成要件，并提醒学生编制创业计划书需要注意的事项。

（注：根据编者的教学经验，创业团队在课堂一般完不成本次学习任务，需要在课下继续编写创业计划书。建议指导教师将个人联系电话告知学生，方便学生课后咨询。）

（5）课程结业总结：指导教师播放先期制作的PPT课件，回顾学习历程，播放感人瞬间，让学生留下美好回忆。

10.4　创业案例选编

案例一：江彩云的“手把玩件”工作室

江彩云是一名农村妇女，婚后到青岛一家公司打工，从事“手把玩件”的制作。两年后，因养育孩子回到老家。不久，她购买了一些工具，闲暇时间开始制作各类“手把玩件”，并委托原同事进行销售。由于技艺出众，产品非常畅销。随后，她又买了些工具，教授本村人员学习制作“手把玩件”，并收购学员作品，自己再加工后进行销售，取得了可观的经济效益。随着规模的扩大，江彩云的“手把玩件”成为当地的特色产业。

思考分析：

1. 作为农村妇女，江彩云为什么能够创业成功？
2. 结合个人情况，谈谈你从江彩云身上学到了什么。

案例二：永远的坐票

张先生经常出差，但常常买不到坐票。可是无论长途短途、车上多挤，他总能找到座位。

张先生的办法其实很简单，就是耐心地一节车厢一节车厢找过去。这个办法听上去似乎并不高明，但却很管用。每次，他都做好了从第一节车厢走到最后一节车厢的准备，可是每次他都用不着走到最后一节车厢就会发现空座位。他说，这是因为像他这样锲而不舍找座位的乘客实在不多。经常是在他落座的车厢里尚余若干空座位，而在其他车厢的过道和车厢接头处，居然人满为患。

思考分析：

1. 张先生永远都能坐上座位的秘诀是什么？
2. 张先生的故事对你创业有哪些启示？

10.5 创业明星

李某元，男，济宁职业技术学院 2015 届工程造价专业毕业生，于 2016 年创办了济宁市盛源 BIM 工作室。

李某元在校学习期间，学习成绩优异，遵守学校的校纪校规，与班级同学相处比较融洽，并曾担任班级学习委员、系学生会学习部副部长。在校期间，他参加了广联达科技股份有限公司的 BIM 技能大赛，参与了广联达科技股份有限公司的 BIM 毕业设计，并取得了不错的成绩。

毕业前夕，李某元在济宁职业技术学院建筑工程系 BIM 工作室实习，努力学习 BIM 方面的知识和操作技能，参与了具体项目的 BIM 技术的开发和应用。毕业后，李某元继续在济宁职业技术学院建筑工程系 BIM 工作室学习，并同时承担中国建设协会的 BIM 认证教学工作。

2016 年，李某元成立了济宁市盛源 BIM 工作室。依靠个人前期积攒的人脉资源，李某元的济宁市盛源 BIM 工作室很快打开局面，业务量蒸蒸日上，取得了不错的工作业绩。

10.6 实训练习

结合所学内容，完善创业计划书，并在规定时间内将创业计划书交给老师。

参考答案

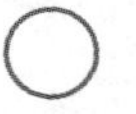

项目一　拓展创新思维

案例一　分析参考

1. 不是技术原因，而是工作态度导致的。不是积极行动，而是消极应付，凡事不肯精益求精，在关键时刻不能尽最大努力。

2. 只要从员工、设备、生产工艺、原材料、工作环境等方面谈就可以。可涉及其中几个，也可以全部涉及。

案例二　分析参考

1. 马元敏借助互联网技术创业的经验如下：

（1）借助互联网技术，将传统教育行业与互联网结合；

（2）借助电子信息管理系统，在教师和学员之间建立交流的平台；

（3）自身熟悉艺术教育行业，善于利用互联网工具。

2. 围绕案例涉及的问题，能够结合本企业的实际情况进行分析，有理有据，能够自圆其说。

项目二　评估创业能力

案例一　分析参考

1. 市场退出是为了实施某种市场战略而暂时或永久性地退出某一区域或产业并结束市场活动的过程。它与市场进入一起组成企业发展战略的两大部分。市场进入与市场退出是辩证统一的关系，即从局部的适度退出是为了大规模的进入。

市场退出并不意味着资源的永久性“失业”。除一小部分资源可能在退出的过程中流失和泄露外，退出的资源通过流动、转移，可能会寻找到更加有利的投资领域。同样，进入新的业务领域后也不是永久性地固定、沉淀下来，而是随着企业的成长，又重新考虑资源的新的战略性转移。在多元化企业中，还必须有效地进行资源配置，将资源从低机会的领域转移到高机会的领域中去。

在此案例中，魏应行从原有市场上被动退出，转做方便面，市场定位准确，最终取得成功。

2. 要点：

（1）小微企业创新是产业先导性创新；

（2）小微企业创新更注重实效；

（3）小微企业创新有较好的组织保障；

（4）政府扶助是小微企业的创新支持。

案例二 分析参考

1. 赵海伶创业的有利条件如下：

（1）从四川外国语大学毕业，是一位具备知识文化的青年；

（2）在淘宝网上专卖青川本地土特产，具有一定的独特性；

（3）与“仙雾牌”茶叶公司签订网上销售协议，收购纯天然的青川木耳、蜂蜜、山药等土特产，保障了产品质量。

2. 围绕案例涉及的问题，能够结合本企业的实际情况进行分析，有理有据，能够自圆其说。

项目三 基于专业层面创业分析

案例一 分析参考

1. 刘璇将高级服装定制店目标人群如此定位的原因如下：

（1）实施的差异化发展战略，适合初创公司发展壮大；

（2）提供高端服务，适合高收入群体；

（3）目标顾客较少，可提供个性化服务。

2. 围绕案例涉及的问题，能够结合本企业的实际情况进行分析，有理有据，能够自圆其说。

案例二　分析参考

1. 要点：

（1）创新是企业发展的原动力，没有创新就没有发展；

（2）赵艺君创业的过程就是创新的过程。随着市场的变化，要不断更新经营理念；

（3）当今是知识经济年代，企业家要关注新技术、新工艺、新方法的应用，做到“以新取胜”。

2. 围绕案例涉及的问题，能够结合本企业的实际情况进行分析，有理有据，并能够自圆其说，可参考但不限于以下内容：

（1）创业不是高不可攀的事情，即使是一个高中毕业生也可以创业；

（2）创业之前一定要有相关工作经历或熟悉创业领域；

（3）创业不能一蹴而就，而是一个由小及大的发展过程。

项目四　遴选创业项目

案例一　分析参考

1. 潘英娟创业成功的因素如下：

（1）要尽快熟悉创业领域，同时积累更多的经验；

（2）要注意转变经营管理的方式和作风，适应市场的变化；

（3）要有核心技术，做“内行的创业者”。

2. 围绕案例涉及的问题，能够结合本企业的实际情况进行分析，有理有据，能够自圆其说。

案例二　分析参考

菲力普·莫里斯公司接管米勒啤酒公司获得成功，在于对米勒啤酒公司销售组织结构进行了全面的调整，采取了正确有效的市场细分、目标市场营销和市场定位明确的营销组合策略。

首先，在细分市场的基础上，根据细分市场的需求特性，运用差异性营销策略，改变原“高生”啤酒的包装，并设计开发出一种大众化啤酒，使之更适应目标顾客。

其次，公司抓住消费者的心理需求，运用市场定位原理，推出“模特”低能量啤酒，定位为“真正的啤酒”，进一步拓展了目标市场。

最后，有了好的产品和定位，还必须把它传达给消费者。公司大力进行广告宣传，根据不同目标顾客，设计不同风格的广告形式，使米勒啤酒深受顾客喜爱。

项目五　模拟注册创业公司

案例一　分析参考

1. 王玉霞创业成功的因素如下：

（1）王玉霞既有市场营销理论知识，又有实践经验；

（2）将“新鲜感和刺激感”作为卖点，王玉霞很好地把握了消费者的心理；

（3）不走寻常路。

2. 围绕案例涉及的问题，能够结合本企业的实际情况进行分析，有理有据，能够自圆其说。

案例二　分析参考

1. 格瑞科技有限公司做大的原因如下：

（1）首先是普通清洗，重点清洗家电。劳动量大、利润少，逐渐舍弃该业务板块；

（2）其次是依靠技术开展带电清洗，是利润的增长点，重点发展；

（3）将业务和技术领域分开，开始承接大额订单，业务逐渐清晰，客户逐渐明朗。

2. 围绕案例涉及的问题，能够结合本企业的实际情况进行分析，有理有据，能够自圆其说。

项目六　创建创业团队

案例一　分析参考

1. 郑一彤之所以能带动乡亲走上致富路的因素如下：

（1）郑一彤创业初衷就是要改变家乡贫穷的面貌，带领乡亲致富；

（2）郑一彤本身是学医出身，对中药材性能较熟悉；

（3）父母的支持。

2. 围绕案例涉及的问题，能够结合本企业的实际情况进行分析，有理有据，能够自圆其说。

案例二　分析参考

建议：

（1）放下包袱、转变心态；

（2）转变角色，原先是要一个人做好，现在是管好一队人；

（3）明确责任大小，职责所在，找到目标；

（4）学会做人；

（5）工作规范明确；

（6）接受培训。

项目七　企业市场环境分析

案例一　分析参考

1. 梁荣华成功的关键如下：

（1）作为创业者，要时刻关注宏观环境的变化，并且适应宏观环境的变化；

（2）采取了差异化竞争策略，从顾客角度考虑，率先承诺两年包换；

（3）尽快熟知电商的经营技巧，找到合适的电商宣传口径。

2. 围绕案例涉及的问题，能够结合本企业的实际情况进行分析，有理有据，能够自圆其说。

案例二　分析参考

1. 刘勇创业失败的缘由如下：

（1）缺乏吃苦精神；

（2）好高骛远，不能一步一个脚印地向前走；

（3）缺少坚持和执着的精神。

2. 围绕案例涉及的问题，能够结合本企业的实际情况进行分析，有理有据，能够自圆其说。

项目八　制定企业市场营销战略

案例一　分析参考

1. OP 的产品定位如下：

（1）品质卓越的卫浴电器产品；

（2）高品质、高价格的产品。

2. 围绕案例涉及的问题，能够结合本企业的实际情况进行分析，有理有据，能够自圆其说。

案例二　分析参考

1. 苹果公司的产品策略成功的基础如下：

（1）开发出满足顾客需要的产品；

（2）产品及时推陈出新；

（3）有足够的人才储备和技术储备。

2. 围绕案例涉及的问题，能够结合本企业的实际情况进行分析，有理有据，能够自圆其说。

项目九　企业财务分析

案例一　分析参考

1. 企业风险概括起来主要有经营风险、财务风险和投资风险。

2. 处于成长期的企业，不达标的管理水平、员工素质可能引发人才危机，急剧膨胀的业务可能导致财务危机、品牌危机和信誉危机。此时，企业的发展目标是迅速扩大其经济实力，管理上应该根据环境的变化调整企业战略，不断引入人才，创造品牌产品，不断提高市场竞争力。

案例二　分析参考

1. 品牌战略的重要性包括如下：

（1）企业发展离不开品牌战略；

（2）酒香也怕巷子深，创业企业需要做好适度的品牌宣传推广；

（3）产品质量是品牌战略的生命线，离开产品质量谈品牌战略是无意义的。

2. 围绕案例涉及的问题，能够结合本企业的实际情况进行分析，有理有据，能够自圆其说。

项目十　编制创业计划书

案例一　分析参考

1. 江彩云创业成功原因如下：

（1）江彩云的性格使然，她坚毅、进取、踏实；

（2）江彩云量力而行，不攀高；

（3）借势而起，随着“手把玩件”的流行，江彩云抓住了机会。

2. 围绕案例涉及的问题，能够结合本企业的实际情况进行分析，有理有据，能够自圆其说。

案例二　分析参考

1. 张先生永远都能坐上座位的秘诀如下：

（1）自信、执着、富有远见、勤于实践；

（2）做他人不愿做的事情，常有意外收获。

2. 围绕案例涉及的问题，能够结合本企业的实际情况进行分析，有理有据，能够自圆其说。

参考文献

中国就业培训技术指导中心，中国就业促进会创业专业委员会，2013．创业指导[M]．北京：中国劳动社会保障出版社．

周苏，褚赟，2017．创新创业：思维、方法与能力[M]．北京：清华大学出版社．

陈晓暾，陈李彬，田敏，2017．创新创业教育入门与实战[M]．北京：清华大学出版社．

朱鹤，罗忠，李凡，2016．大学生创业与创新[M]．北京：中国言实出版社．

丛子斌，2016．创新创业教育[M]．北京：高等教育出版社．

孙伟，李长智，2017．创新创业教程[M]．北京：清华大学出版社．

许湘岳，邓峰，2011．创新创业教程[M]．北京：人民出版社．

刘道玉，2009，创造思维方法训练[M]．2版．武汉：武汉大学出版社．

郭晓宏，段秀红，陈浩，2016．从0到1学创业：写给创业者的实用指南[M]．天津：天津科学技术出版社．